Geschichte der ägyptischen und der babylonisch-assyrischen Literatur

Eduard Meyer

Geschichte der ägyptischen und der babylonisch-assyrischen Literatur

(1879)

Eine Dokumentation,
herausgegeben und mit einer Einführung versehen von

Gert Audring

Kartoffeldruck-Verlag
Speyer 2009

Bibliografische Information der Deutschen Nationalbibliothek

Die Deutsche Nationalbibliothek verzeichnet diese Publikation in der Deutschen Nationalbibliografie; detaillierte bibliografische Daten sind im Internet über http://dnb.d-nb.de abrufbar.

2009

www.kartoffeldruck-verlag.de

ISBN 978-3-939526-06-3

Inhalt

Einführung

Vorgeschichte[1])

Zu Ostern 1879 habilitierte sich Eduard Meyer in Leipzig mit seiner „Geschichte des Königreichs Pontos" und nahm anschließend die freie Lehrtätigkeit als Privatdozent an der dortigen Universität auf. Sie sollte bis Ende 1884 andauern; am 22. Dezember dieses Jahres wurde er außerordentlicher Professor.[2])

Da Privatdozenten bekanntlich keine Besoldung erhielten, war dies für manchen jungen Gelehrten an deutschen Universitäten eine Zeit materieller Not; so auch für Meyer. Sein Vater, ohnehin kein wohlhabender Mann und vorzeitig aus dem Lehrerberuf ausgeschieden, verfügte nicht über die Mittel, seinen ältesten Sohn finanziell zu unterstützen. Der Leipziger Ägyptologe Georg Ebers dagegen, der das außerordentliche Talent Meyers schon einige Jahre zuvor erkannt hatte, half nach Kräften. Er versuchte wiederholt, Meyer das für Leipziger Privatdozenten bestimmte Albrechts-Stipendium zu verschaffen, und schanzte seinem Lieblingsschüler allerlei bezahlte Aufträge zu. Auch Johannes Classen, Direktor und ehemaliger Lehrer Meyers am Hamburger Johanneum, tat das Seine, um Geld aufzutreiben. Ostern 1883 besorgte er ihm 1000 Mark aus der Averhoffschen Stiftung und erwartete dieselbe Summe von der Kellinghusenschen Stiftung.[3])

Meyer selbst bemühte sich ebenfalls intensiv um Einkünfte. So unterschrieb er den Vertrag mit der J. G. Cotta'schen Buchhandlung in Stuttgart über eine mehrbändige „Geschichte des Altertums" vom Frühjahr 1879, den er zunächst abgelehnt hatte, schließlich auch mit Rücksicht auf seine materielle Lage.[4])

Im Herbst 1879 hielt Meyer ferner gegen Bezahlung eine Serie von 12 Vorträgen über griechische Literatur für Damen im „Verein für Familien & Volksbildung".[5]) Vor ähnlichem Publikum (diesmal werden die Damen aber „jung" genannt) absolvierte Meyer im Wintersemester 1881/82 eine Vortragsreihe über die französische Revolution, worauf er sich durch eigene Studien vorbereitete.[6]) Zu den Brotarbeiten dieser schwierigen Jahre gehörte es auch, Zeitschriftentexte zu schreiben und Artikel für die „Allgemeine Enzyklopädie der Wissenschaften und Künste" von Ersch und Gruber zu übernehmen.[7])

Im Herbst 1882 entspannte sich die finanzielle Lage für Meyer zeitweilig.[8]) Ein enger Leipziger Studienfreund und junger juristischer Privatdozent namens Schwalbach hatte „aus Lebensüberdruß" (Classen) Selbstmord begangen und sein Vermögen in einem nachgelassenen Brief zu wohltätigen Zwecken bestimmt. Je 50.000 Mark aber sollten an Eduard Meyer und einen Mitstudenten, Wilhelm Creizenach, fallen. Meyer war von dieser unerwarteten Schicksalsfügung überwältigt. Noch vor drei Tagen, so schrieb er seinem Bruder, habe er mit den Professoren Karl von Noorden und Ebers über seine Verhältnisse gesprochen und klar gesagt, daß er für diesen Winter 1000 Mark brauche. Über deren Beschaffung hätten beide nachzudenken zugesagt. Meyer war damals soweit, die Privatdozentur aufzugeben und in den Schuldienst zu treten. Nun eröffneten sich ganz neue Aussichten: er könne alle seine Schulden tilgen und auch den Bruder Kuno und die Schwester Toni in ihrer Ausbildung unterstützen.

Doch zurück ins Jahr 1879. Die Arbeit an der Darstellung der Geschichte Altägyptens für das Cottasche Unternehmen, das Meyers „eigentliche Lebensaufgabe"[9]) werden sollte, war damals bereits in vollem Gange, als sich Meyer entschloß, den hier erstmals in deutscher Transkription vorgelegten Text zu verfassen. Er ist also nur ein *parergon*.[10])

Im Frühsommer 1879 hatte sich Valentin Korsch aus Petersburg, vormals Redakteur der „Russischen Academie-Zeitung", an Georg Ebers mit der Bitte gewandt, sich an einer allgemeinen Literaturgeschichte zu beteiligen. Größtenteils von russischen Gelehrten verfasst, sollte sie auf dem neuesten Stand der Wissenschaft und für das einheimische gebildete Publikum bestimmt sein. Korsch hatte an Ebers geschrieben, weil für die ägyptische, assyrische und babylonische Literatur ein geeigneter russischer

Bearbeiter fehlte. Termin für das deutsche Manuskript, das in Petersburg ins Russische übersetzt werden sollte, war bereits der Oktober des laufenden Jahres. Als Herausgeber der Literaturgeschichte wird ein Buchhändler namens Ricker bezeichnet.

Ebers hatte zu dieser Arbeit keine Neigung, empfahl aber Eduard Meyer als Autor, weil er die dazu nötigen Vorkenntnisse besäße (und, was Ebers natürlich für sich behielt, auch das Honorar gut gebrauchen konnte). Daraufhin schrieb Korsch, der in der Korrespondenz zwischen Meyer und Ebers über dieses Vorhaben zunächst als „Herr Kirsch" figuriert, im Juli 1879 an Meyer und wiederholte die bereits Ebers unterbreiteten Vorschläge. Falls Meyer nur die ägyptische Literatur darstellen könne, möge er einen deutschen Fachmann für Babylonien und Assyrien („Prof. Delitch") einbeziehen. Aber: „Die Hauptsache ist – die Litteraturgeschichte nicht ganz abgesondert, sondern wo möglich im Zusammenhange mit der Culturgeschichte der Länder zu behandeln." Zur besseren Anschaulichkeit erbat sich Korsch Proben von Literaturdenkmälern in Übersetzung und Vorlagen für Abbildungen. Korsch erwartete eine baldige Antwort Meyers: „Ich bin in dieser Hoffnung durch Herrn Prof. Ebers verstärkt, der bereit ist Ihnen mitzutheilen, wie er diese Arbeit angefasst haben würde."[11])

Daraufhin schrieb Meyer am 6. August 1879 an Ebers, der in Wildbad zur Kur weilte: „Lieber Herr Professor! Soeben erhalte ich einen Brief von Hrn V. Kirsch in Petersburg, in dem er mich auffordert, die Bearbeitung der aegyptischen und babylonisch-assyrischen Literatur für seine allgemeine (russische) Literaturgeschichte zu übernehmen. Ich ersehe aus dem Briefe, daß Sie mich zu der Arbeit vorgeschlagen haben und mir auch weitere Andeutungen über den Plan geben wollen. Obwohl ich gegenwärtig, da ich das ‚Handbuch' auszuarbeiten und überdies meine Collegien vorzubereiten habe, mag ich doch das pecuniär recht vortheilhafte Unternehmen (Hr. Kirsch bietet mir pr. Bogen 45 Rubel = ca. 100 M., und es sollen 5-6 Bogen werden) nicht abschlagen, wenn Sie glauben, daß ich mir die Sache in so weit etwas leicht machen darf, daß ich mich im wesentlichen auf Excerpte aus den besten Übersetzungen ägyptischer und assyrischer Texte mit verbindenden Notizen beschränke. Ich dächte, man könnte den ägyptischen Theil etwa so anlegen:

1, Notiz über die Schrift, Sprache, und den Charakter der Literatur im allgemeinen.
2, Charakterisirung der Literatur des AR.[12]) Kurze historische und religiöse Texte. Papyrus Prisse.
3, Weiterentwickelung der religiösen Literatur:
  a, Übersicht des Todtenbuchs
  b, Sonstige funeräre Literatur.
  c, Der Ammoncultus (pap. Bulaq).
  d, Nilhymnen und auf sonstige Götter bezügliche Texte.
  e, Magische Texte. (Pap. magique, Pap. Sallier IV cet.)
4, Die Blüthezeit der äg. Literatur. pap. d'Orbiney. Pap. Sallier III (Pentaur). Pap. Anastasi I. Briefliteratur.
5, Wissenschaftliche Literatur dieser Zeit. Pap. Ebers. Der geometr. Papyrus. Notiz über die sonstigen Papyri (pap. judiciaires, der große Harris Papyrus cet.)
6, Der Verfall der äg. Literatur. Die 26 Dynastie. Das Demotische. Die Romane (pap. Rhind, Roman des Setnau). Untergang der äg. Literatur: Die griechische Zeit. (griech. Zauberpapyri. Hermes Trismegistos).

Diese Skizze scheint mir das wesentliche zu enthalten, und liesse sich ja – im Umfange von drei Bogen – in nicht all zu langer Zeit herstellen. Sie würden mich aber sehr verbinden, wenn Sie mich auf Mängel des angegebenen Planes und Texte die sonst noch nothwendig zu berücksichtigen wären, aufmerksam machen wollten.

Für das assyrische kann ich einen Plan noch nicht entwerfen, da ich diese Literatur viel weniger übersehe. Prof. Delitzsch ist leider verreist, sonst könnte ich die Sache sofort mit ihm besprechen und ihm eventuell diesen Theil ganz überlassen. Mir scheint im übrigen für eine <u>Literaturgeschichte</u> der Gesichtspunct massgebend, daß nur wirklich literarische Werke, nicht aber historische u. ä. Inschriften und Protocolle, Contracte cet. zu berücksichtigen sind.

Ich darf Sie wohl bitten, mir bald möglichst Ihre Meinung über das Unternehmen zu sagen, damit ich Hrn. Kirsch antworten kann."[13])

Nebenbei gesagt, scheint Meyer das Anforderungsprofil der Petersburger Literaturgeschichte nicht schlecht zur Konzeption seiner „Geschichte des Altertums“ gepaßt zu haben (des „Handbuchs“, von dem zu Anfang seines soeben zitierten Briefs an Ebers die Rede war). Denn über diese schreibt er seinem Freund Richard Pietschmann schon in einem Brief vom 25. Juli 1879: „Im übrigen wird natürlich neben der Staatsgeschichte – wobei die Verfassung und Verwaltung in eingehender Übersicht darzustellen ist – auch die Culturgeschichte ausführlich berücksichtigt werden. Ich denke bei jedem Volke eine Übersicht der Religion und ihrer Entwickelung, ferner der ethnographischen Stellung, dann auch der Hauptmomente der Literaturgeschichte cet. zu geben.“[14])

Ebers antwortete auf Meyers Brief schon am nächsten Tag, billigte dessen Plan, legte den ersten Brief Korschs bei und erteilte seine Ratschläge: „Ich meine, dass Sie mit Ihrer Disposition den Nagel auf den Kopf treffen. Aus den grossen Texten würd' ich immer nur einzelne Abschnitte zur Probe mittheilen. Sie werden besonders die ‚records of the past' noch einmal durchsehen müssen. Die historische Folge gefällt mir auch besser als eine Eintheilung nach Litteratur-Gattungen; aber ich würde doch eine Übersicht von denjenigen geben, die vorhanden sind, vom Volksliede an (Drescherlied zu Beni-Hasan) bis zum Epos (Pentaur) u. Roman (Verwunschener Prinz u. Setnau. –)“.[15])

Am 20. August 1879 informiert Meyer seinen väterlichen Freund Ebers, er habe das Petersburger Angebot akzeptiert, und bedankt sich ausdrücklich dafür, dass er ihm den Auftrag zugeschoben habe, „ich kann den Verdienst sehr gut brauchen.“[16])

Tags darauf meldet sich Meyer bei Ebers in dieser Angelegenheit noch einmal brieflich: „Lieber Herr Professor! In meinem gestrigen Briefe hatte ich leider die Hauptsache vergessen. Herr Korsch will nämlich einige lithographirte Tafeln haben: eine hieroglyph., eine hierat. und einen Keiltext. Ich möchte Sie bitten mir einige Texte vorzuschlagen. Ich habe an einen Abschnitt des Todtenbuchs (vielleicht den Anfang von cp. 17, von dem ich eine Übersetzung geben werde — oder soll wieder das ewige Todtengericht dran?) und an den Anfang Ihres Papyrus gedacht. Oder wissen Sie etwas besseres? Im übrigen meint Herr Korsch, ich solle die Sache hier lithographiren lassen. Ich habe indessen keine rechte Lust mich mit den technischen Geschichten abzufassen und denke ich schicke ihm lieber die Texte nach Petersburg."[17])

Ebers antwortete am 25. August 1879 aus Baden-Baden: „Nun Herr Korsch: Eine Darstellung des Todtengerichts würde mir geeigneter vorkommen als ein Stück von Kap. 17 des T. B.[18])

Vielleicht verkauft die Grote'sche Buchhandlung das cliché des betreffenden Bildes, das er für Dümichens Aegypten gemacht hat. Oder wollen Sie eine Seite der Åmén em ḥeb Inschr. geben, die in der Zeitschr. d. D. M. G. zu meinem Aufsatz gegeben ward? H. Weidenbach in Berlin hat wohl noch die Platten.

Für das Hieratische eignet sich die erste Seite meines Pap. sehr gut. Der Stein dazu ist noch bei Giesecke u. Devrient, der [unter der Zeile, G. A.: „(Giesecke)"] gewiss gern Abzüge besorgt. Schlagen Sie das den Petersburgern vor. Mit einem Gang zu G. u. D. in der Nürnberger Strasse u. einer Unterhaltung mit Weidenbach können Sie doch H. Korsch sehr gefällig sein. Wie viel Zeit hab' ich mit so etwas verloren! Theilen Sie jedenfalls den Russen diese Vorschläge mit.

Das Assyriologische würd' ich an Ihrer Stelle Prof. Delitzsch überlassen. Der hat alles beisammen, was Sie mühsam aufsuchen müssen."[19])

Den letzten Vorschlag lehnte Meyer ab und übernahm den Auftrag in vollem Umfang. Mitte September ging er nach Hamburg, um die Arbeit für die Petersburger Literaturgeschichte abzuschließen.[20])

Der Plan, den Meyer in dem erwähnten Brief an Ebers für die ägyptische Literatur vorgelegt hatte, ist, wie der Vergleich mit dem Originalmanuskript ergibt, in etwas modifizierter Form ausgeführt worden.

Parallel zu den Briefen, die Ebers und Meyer in dieser Sache wechselten, informierte Meyer auch Pietschmann über das Projekt und schrieb ihm, er habe außer der mühseligen ersten Ausarbeitung des ägyptischen Teils der „Geschichte des Altertums" „für eine russische allgemeine Literaturgeschichte die Bearbeitung der ägyptischen und assyrischen Literatur (ca 6 Bogen) übernommen, die bis Anfg. October fertig sein sollen. Schwer ist eine solche Arbeit für ein populäres Werk ja gerade nicht, aber doch recht zeitraubend, zumal wo meine anderen Arbeiten mein Interesse viel mehr in Anspruch nehmen."[21]) Am 1. Oktober teilt er Pietschmann brieflich mit, er habe „die äg. Literaturgesch. fertig gemacht und die assyrische wenigstens angefangen" und gibt das dabei gewonnene Urteil über den allgemeinen Gang der kulturellen Entwicklung des alten Ägypten ab.[22]) Schließlich schrieb Meyer Weihnachten 1879 an ihn: „Die russische Literaturgeschichte muss nächstens erscheinen."[23])

Nachdem das Originalmanuskript[24]) während der Arbeit am oben genannten DFG-Projekt ins Blickfeld geraten war, die russische Ausgabe in Berlin aber nicht gefunden werden konnte, vermittelte Dr. Gertrud Pannier vom Institut für Bibliothekswissenschaft der Humboldt-Universität zu Berlin den Kontakt zu Dr. Boris Fedorovitch Volodin, Mitarbeiter an der Russischen Nationalbibliothek in Petersburg.[25]) Dieser beschaffte eine Kopie des russischen Textes. Danach lautet der Titel des Gesamtwerks in transliterierter Form: Vseobŝaâ istoriâ literatury. Pod redakciej V. K. Korša. (Allgemeine Geschichte der Literatur. Unter der Redaktion von W. K. Korsch, G. A.). Meyers Beiträge enthält: Tom 1. Čast 1. Literatura Drevnego Vostoka. St. Petersburg 1880 (Band 1. Teil 1. Die Literatur des Alten Orients, G. A.). Die Seiten 191-255 bieten: Istoriâ egipetskoi literatury d-ra Ed. Mejera (Geschichte der ägyptischen Literatur von Dr. Ed. Meyer, G. A.); die Seiten 236-255: Istoriâ vavilonsko-assiriskoi literatury d-ra Ed. Mejera (Geschichte der babylonisch-assyrischen Literatur von Dr. Ed. Meyer, G. A.). Dr. Volodin machte noch darauf aufmerksam, dass das Inhaltsverzeichnis des Bandes die Titel von Meyers Beiträgen in etwas anderer Form darbietet: Istoriâ drevneegipetskoi literatury (Geschichte der altägyptischen Literatur, G. A.) und Istoriâ assirisko-vavilonskoi literatury (Geschichte der assyrisch-babylonischen Literatur, G. A.).

Es handelt sich bei dem kleinen Werk um einen bewußt leicht verständlich geschriebenen Text von teils ganz eigenem Charme. Er lehrt, wie sich der 24jährige Eduard Meyer eine für breitere Kreise geschriebene Darstellung vorgestellt hat. Von groben Vereinfachungen oder gar Oberflächlichkeiten ist keine Spur, wie z. B. die jedem Abschnitt vorangestellte historische und religionsgeschichtliche Einleitung zeigt. Natürlich ist sehr viel daran mittlerweile wissenschaftlich längst überholt; Meyer selbst weist ja gerade im Rahmen seiner Skizze der babylonisch-assyrischen Literatur wiederholt darauf hin, dass die Wissenschaft vom Alten Vorderasien noch in den Kinderschuhen stecke. So kann die vorliegende Textausgabe nicht mehr, aber auch nicht weniger als eine Dokumentation sein. Sie mag dazu dienen, die Kenntnis des umfangreichen Werks Eduard Meyers um eine der ersten Fingerübungen des werdenden Meisters zu vervollkommnen.

Zu Meyers Manuskript und der Übersetzung ins Russische

Meyer benutzte zur Niederschrift unlinierte Blätter von 33 cm Länge und 21 cm Breite. Indem er je zwei Blätter quer vor sich auf den Tisch legte, mittig nach rechts faltete und ineinanderschob, fertigte er daraus 18 Doppelblattbogen von je 8 Seiten, ausgenommen den letzten, der aus nur einem gefalteten Blatt besteht. Jeder Bogen ist auf der ersten Seite, unten rechts, numeriert (in der Form von „1.“, „2.“ usw.). Die Seiten 1, 3, 5 usw. bis S. 70 tragen rechts oben Seitenzahlen (in der Form von „1“, „2“, „3“ usw.). S. 62 erscheint versehentlich doppelt, S. 70 wurde nicht mehr benötigt und blieb leer.

Über weite Strecken erscheint der Text recht flüssig niedergeschrieben, und es finden sich insgesamt nur relativ wenige Korrekturen und nachträgliche Einfügungen im Text oder auf den Rändern. Hieroglyphen und Keilschriftzeichen wiederholte Meyer am Rand und numerierte sie zur besseren Übersicht für den Setzer. Das Manuskript weist gelegentlich Unterstreichungen mit Bleistift und dazugehörige Fragezeichen an den Rändern o. ä. auf; weil sie aber auf die russische Version keinen Einfluß hatten, sind sie hier nicht eigens erwähnt worden. Da das Manuskript zur Übersetzung ins Russische bestimmt war, befleißigte sich Meyer seiner allerschönsten Handschrift.

Die hier vorgelegte Transkription gibt den Urtext originalgetreu wieder, bewahrt also Schreibweisen, die aus der damals noch nicht feststehenden Orthographie des Deutschen, aber natürlich auch aus dem forcierten Arbeiten Meyers resultieren. So wird der Leser finden: „Oxyrynchos“, „Verwandschaft“, „selbsständig“, „Gemal“, „Amon“ neben „Ammon“, „Spuckgestalten“ statt der zu erwartenden „Spukgestalten“, „Wage“ anstelle von „Waage“, „Gährung“, „Frohndienst“, „Schiksal“, „verwelckt“, „stürtzte“ usw. Die Eigentümlichkeiten Meyerscher Groß- und Kleinschreibung von manchen Personalpronomen, Partizipien und Adjektiven wurden reproduziert. Fehlende Anführungszeichen zu Zitaten sind ergänzt und dabei in die bei Meyer übliche Position gebracht worden. Am Satzende ausgelassene Punkte sind nachgetragen, in mehreren Fällen auch ein Komma. Ferner schien es gerechtfertigt, die (sehr seltenen) Versehen in der Satzkonstruktion zu beheben. Dafür ein Beispiel. Meyer schrieb: „Allgemein aegyptisch sind nur die eigentlichen Nationalgötter Ra und Horus (mit seiner Mutter Isis), als deren Repraesentanten auf Erden daher seit den ältesten Zeiten der König gilt“; in der Transkription wird statt dessen (und analog zur russischen Übersetzung) „Repraesentant“ geboten.

Die Anmerkungen zum Text hat Meyer auf den betreffenden Seiten jeweils neu zu zählen begonnen; weil aber das Layout des Originals nachzuahmen nicht sinnvoll erschien, sind die Anmerkungen in der vorliegenden Transkription zusammengefasst und durchgehend gezählt worden.

Die Übersetzung ins Russische schließt sich insgesamt treu dem deutschen Original an, enthält jedoch einige, allerdings meist nur geringfügige, vor allem auf leichtere Verständlichkeit zielende Änderungen. So hat der Übersetzer auf sein Publikum Rücksicht genommen und gelegentlich von Meyer angeführte Beispiele oder Namenreihen gekürzt, altägyptische Beinamen des Osiris oder mythischer Gestalten wegfallen lassen, Abstrakta wie „der Einzelne“ durch „der Ägypter“ oder „man“ durch „die Griechen“ ersetzt, den „Perseabaum“ zum „Baum“ heruntergestuft oder unnötig erscheinende, kurze gelehrte Zusätze Meyers ausgelassen. Auch bei den Hieroglyphen und Keilschriftzeichen hat Korsch gespart.

Einige Namen entzifferte der Übersetzer nicht glücklich; so steht bei ihm Setopolis statt Letopolis, Sennu statt Tennu, Tepi statt Pepi, einmal Chea statt Ilea (das später korrekt auftaucht),

Jammuz (im Russischen „Jammus“) statt Tammuz, Naunar statt Nannar und Tchamat statt Tihamat.

In Meyers Zitaten aus der babylonischen Schöpfungsgeschichte folgt auf die Zeile „Mummu-Tihamat (das Chaos) erzeugte sie alle“ der Vers: „und ihre Wasser allein umschlossen (das All)“. Diesen letzteren Vers hatte Meyer abschließend dick mit Bleistift durchgestrichen, jedoch ist er in die russische Übersetzung aufgenommen worden.

Etwas schwerer wiegen Eingriffe des Übersetzers, die offenkundig im Zusammenhang mit zeitverhafteten Äußerungen Meyers zu „den Semiten“ stehen. In einem Falle lautet das Original: „Ein exclusiver Zug geht daher durch alle semitischen Religionen; der Herr eines Stammes, der unter demselben wohnt, verlangt ausschliessliche Verehrung: es ist dies die Wurzel des semitischen Monotheismus.“ In die zuletzt zitierten Worte „des semitischen Monotheismus“ ist im Russischen bezeichnenderweise eingeschoben: „z. B. des arabischen“. Dazu paßt, dass Meyers Anmerkung (Anm. 40 der vorliegenden Ausgabe) unter den Tisch fällt.

Der nun folgende Text Meyers fehlt im Russischen komplett: „Andrerseits aber spalten sich die Gottheiten fortwährend: wenn ein Stamm auswandert oder sein Gebiet erweitert und neue Heiligthümer gründet, so ist der Gott der hier verehrt wird nicht mehr derselbe, er hat einen anderen Wohnsitz, einen anderen Machtbezirk. Daher verlangen die hebräischen Propheten so energisch, dass dem Jahveh, dem Schutzgotte des Volkes, nur zu Jerusalem und an keiner anderen Stätte des Landes Opfer und Verehrung dargebracht werde.

Indessen im allgemeinen verhält sich der Semit gleichgültig gegen die Religion – nur einzelne Geister, wie die hebräischen Propheten, Mohammed u. ä. sind dafür um so energischer von religiösen Gefühlen ergriffen worden.“

Auf der Linie dieses Eingriffs liegt ein weiterer. Meyer hatte geschrieben: „Nur eine Inschrift möchte ich hier erwähnen, da dieselbe offenbar einen sagenhaften Charakter trägt und den Erzählungen von Moses, Kyros, Romulus und anderen Begründern neuer Staaten völlig analog ist.“ (Es folgt das Zitat aus einer Inschrift, die u. a. berichtet, wie der spätere Sargon I. als Kleinkind in einem Korb dem Fluß übergeben wurde.) In der russischen Fassung fehlt – wiederum bezeichnenderweise – Moses.

Der Übersetzer dürfte übrigens wohl Korsch selbst gewesen sein, hat er doch später, wie aus einem Brief Korschs an Ebers vom 16./28. Januar 1882 hervorgeht[26]), auch Ebers' Roman „Die Burgemeisterin" für seine Zeitschrift ins Russische übertragen.

1) Der Herausgeber möchte auch an dieser Stelle herzlichen Dank sagen: dem Ägyptologen Stefan Grunert (Berlin) und dem Altorientalisten Wolfgang Schramm (Göttingen) für freundliche Hilfe an kritischen Stellen, dem Archiv der Berlin-Brandenburgischen Akademie der Wissenschaften, das die Publikationsgenehmigung erteilte und jede Unterstützung gab, und Kai Brodersen (Erfurt), der die Drucklegung tatkräftig gefördert hat.

2) Vgl. Meyers National, reproduziert im Abbildungsteil von: Eduard Meyer (1855-1930). Zu Zeit und Werk, Wissenschaftliche Zeitschrift der Humboldt-Universität zu Berlin, Geistes- und Sozialwissenschaften 9/1991 (Hg.: A. Jähne).

3) Briefliche Auskunft von Johannes Classen über Ed. Meyer an Wilhelm Wattenbach vom 6. Juli 1884; Archiv der Berlin-Brandenburgischen Akademie der Wissenschaften, Nachlass Eduard Meyer, Verzeichniseinheit 4.

4) Brief Meyers an Ebers vom 2. August 1879; Staatsbibliothek zu Berlin - Preussischer Kulturbesitz. Handschriftenabteilung. Nachlaß Georg Ebers, Kasten 8: Eduard Meyer. Dieser wie auch die im Folgenden zitierten Briefe von und an Ebers sowie an Richard Pietschmann sind im Rahmen des DFG-Projekts „Aufbereitung wichtiger Briefbestände aus dem Nachlass Eduard Meyer" (Mai 2001 - April 2004) am Lehrstuhl für Alte Geschichte der Humboldt-Universität zu Berlin erfaßt worden und in vollem Wortlaut zugänglich über die Internetadresse http://www.geschichte.hu-berlin.de und ihre Verknüpfung mit dem Lehrstuhl und seinen Forschungsprojekten.

5) Brief Meyers an Richard Pietschmann vom 24. Dezember 1879; Niedersächsische Staats- und Universitätsbibliothek Göttingen, Abt. für Handschriften und seltene Drucke. Cod. Ms. R. Pietschmann, Signatur 25:662.

6) Brief Meyers an Pietschmann vom 13. Februar 1882; Niedersächsische Staats- und Universitätsbibliothek Göttingen, Abt. für Handschriften und seltene Drucke. Cod. Ms. R. Pietschmann, Signatur 25:670.

7) Briefe Meyers an Pietschmann vom 23. März und 9. August 1882; Niedersächsische Staats- und Universitätsbibliothek Göttingen, Abt. für Handschriften und seltene Drucke. Cod. Ms. R. Pietschmann, Signatur 25:671 und 25:672.

8) Brief Eduard Meyers vom 27. Oktober 1882 an seinen jüngeren Bruder Kuno, den späteren Keltologieprofessor; Staatsbibliothek Preussischer Kulturbesitz, Handschriftenabteilung, Nachlass 214 (Kuno Meyer), Kasten 2, bestätigt durch die oben Anm. 2 zitierte briefliche Auskunft Classens an Wattenbach.

9) Meyer, Ed., Geschichte des alten Aegyptens, Berlin 1887, S. V.

10) Die Arbeit ist in Heinrich Marohls sonst so reicher und ins Detail gehenden Dokumentation (Eduard Meyer. Bibliographie. Mit einer autobiographischen Skizze Eduard Meyers und der Gedächtnisrede von Ulrich Wilcken, Stuttgart 1941) nicht verzeichnet. Bei einem so genau Buch führenden Mann wie Meyer läßt sich das wohl am besten damit erklären, dass angesichts der damaligen raschen Fortschritte der Ägyptologie und der Altorientalistik, die Meyer stets in seinen Darstellungen verarbeitete, das kleine Opus rasch überholt erschien. Sicherlich trug dazu auch sein Erscheinen in russischer Sprache bei.

11) Sowohl der Brief Korschs an Ebers, datiert auf den 12./24. Juli 1879 und umgehend Meyer überlassen, als auch der Brief Korschs an Meyer vom 21. Juli/2. August 1879 befinden sich im Archiv der Berlin-Brandenburgischen Akademie der Wissenschaften, Nachlaß Ed. Meyer, Verzeichniseinheit 831.
12) Alten Reichs, G. A.
13) Staatsbibliothek zu Berlin - Preussischer Kulturbesitz. Handschriftenabteilung. Nachlaß Georg Ebers, Kasten 8: Eduard Meyer.
14) Niedersächsische Staats- und Universitätsbibliothek Göttingen. Abt. für Handschriften und seltene Drucke. Cod. Ms. R. Pietschmann, Signatur 25:658.
15) Brief Ebers' an Meyer vom 7. August 1879; Berlin-Brandenburgische Akademie der Wissenschaften, Akademiearchiv. Nachlaß Eduard Meyer, Verzeichnungseinheit 557.
16) Staatsbibliothek zu Berlin - Preussischer Kulturbesitz. Handschriftenabteilung. Nachlaß Georg Ebers, Kasten 8: Eduard Meyer.
17) Brief Meyers an Ebers vom 21. August 1879. Staatsbibliothek zu Berlin - Preussischer Kulturbesitz. Handschriftenabteilung. Nachlaß Georg Ebers, Kasten 8: Eduard Meyer.
18) Totenbuchs, G. A.
19) Berlin-Brandenburgische Akademie der Wissenschaften. Akademiearchiv. Nachlaß Eduard Meyer, Verzeichnungseinheit 557.
20) Brief Meyers an Ebers vom 09. September 1879; Staatsbibliothek zu Berlin - Preussischer Kulturbesitz. Handschriftenabteilung. Nachlaß Georg Ebers, Kasten 8: Eduard Meyer.
21) Brief Meyers an Pietschmann vom 22. August 1879; Niedersächsische Staats- und Universitätsbibliothek Göttingen, Abt. für Handschriften und seltene Drucke. Cod. Ms. R. Pietschmann, Signatur 25:659.
22) Niedersächsische Staats- und Universitätsbibliothek Göttingen, Abt. für Handschriften und seltene Drucke. Cod. Ms. R. Pietschmann, Signatur 25:661.
23) Niedersächsische Staats- und Universitätsbibliothek Göttingen, Abt. für Handschriften und seltene Drucke. Cod. Ms. R. Pietschmann, Signatur 25:662.
24) Erhalten im Archiv der Berlin-Brandenburgischen Akademie der Wissenschaften. Nachlass Eduard Meyer, Verzeichnungseinheit 141.
25) † Mai 2005. Krause, F., Zum Tode des St. Petersburger Buchwissenschaftlers Boris F. Volodin, in: Marginalien. Zeitschrift für Buchkunst und Bibliophilie 179, 2005, S. 52-54.
26) Staatsbibliothek zu Berlin - Preussischer Kulturbesitz. Handschriftenabteilung. Nachlaß Georg Ebers, Kasten 22 a.

Geschichte der ägyptischen Literatur.

1. Einleitung

Kaum funfzig Jahre sind verflossen, seitdem durch den genialen Scharfblick Champollion's der Schlüssel zu jener räthselhaften Zeichenschrift gefunden wurde, welche zahllose Monumente, Tempelwände, Statuen, Graeber, an den Ufern des Nils bedeckt, und die bisher allen Entzifferungsversuchen getrotzt hatte. Ein ganz neues Forschungsgebiet war der Wissenschaft geöffnet; die Anfänge beglaubigter Geschichte, welche man bisher kaum um das Jahr 1000 v. Chr. ansetzen durfte, waren mehr als zweitausend Jahre hinaufgerückt; ein höchst eigenthümliches staatliches und religiöses Leben erschloss sich dem Auge des Forschers; alte Herrscher, die bisher nur in der verschwommenen Gestalt der Sage bekannt waren, erzählten ihre Thaten in ihrer eigenen Sprache; die Graeberwelt von Memphis und Theben führte das Leben längst entschwundener Zeiten unmittelbar vor Augen; und die alten Papyrosrollen, welche man dem Verstorbenen mit ins Grab gelegt, enthüllten eine reichhaltige und vielseitige Literatur, deren Blütheperiode in eine Zeit fällt da der Name der Hellenen noch ganz unbekannt war.

Es ist nicht unsere Aufgabe zu erzählen, auf welchem Wege die mühevolle Arbeit der Entzifferung gelungen ist; dagegen möchte es dem Leser erwünscht sein zu erfahren, in welcher Weise durch die lebensgetreu gezeichneten Bilder der Hieroglyphenschrift Worte und Sätze ausgedrückt werden.

Den Ausgang der Schrift bildet das unmittelbare Lautbild: die Figur eines Krokodils bezeichnet dieses Thier (ad), die eines Zweiges ein Stück Holz (cha). Indessen das Wort cha bedeutet auch „Ding"; auch dieser Begriff kann daher durch den Zweig ausgedrückt werden. Ebenso bezeichnet umgekehrt eine menschliche Figur sowohl den Begriff „Mensch" (rot) oder

„Person" (pe) als auch das pronomen „ich" (a oder kua). So entstehen zwei Hauptclassen von Hieroglyphen: die Silbenzeichen (z. B. der Zweig cha, der Baum am, das Beil nuter) welche einen bestimmten Laut ganz unabhängig von der Bedeutung ausdrükken, und die Ideogramme (z. B. die menschliche Figur, der mit einem Messer bewaffnete Arm , der den Begriff der Gewaltthätigkeit bezeichnet) welche einen bestimmten Begriff ganz unabhängig vom Laute bezeichnen. Hierzu kommen als dritte Classe die eigentlichen Buchstabenzeichen, deren Entstehung man dadurch erklärt, dass bestimmte Zeichen den Anfangslaut des Wortes erhielten, welches sie darstellen. So ist die Eule der Buchstabe m, der Adler oder das Schilfblatt der Buchstabe a, die Hand der Buchstabe d.

Am wichtigsten ist nun die Verbindung der drei Classen unter einander; und hier herrscht bunte Mannigfaltigkeit, welche durch die äusseren Verhältnisse, namentlich den dem Schreiber zugemessenen Raum, wesentlich mit bedingt ist. Um zum Beispiel das Wort ad „Krokodil" zu schreiben, genügt das Bild dieses Thieres; gewöhnlich aber schreibt man erst die Buchstaben a (Adler) und d (Hand) und setzt dann das Bild des Krokodils als sg. Determinativ dahinter, um so jedes Missverständniss auszuschliessen: .

Ebenso schreibt man das Wort sau „trinken" zunächst phonetisch s, a, u, und setzt dann die Wasserlinien und die Figur eines Mannes der die Hand zum Munde bewegt, als Determinative dahinter: .

Eine andere Eigenthümlichkeit der Schrift ist die sogenannte phonetische Ergänzung. So wird das Wort nuter „Gott" durch ein Beil geschrieben; gewöhnlich aber setzt man zu weiterer Verdeutlichung noch die Buchstaben t, r, dahinter, und als Determinativ die Figur eines Gottes: . Der Hirtenstock bedeutet „herrschen" hek; gewöhnlich wird der Buchstabe k hinzugefügt , und wenn es „Herrscher" bezeichnen soll, die Figur eines Fürsten .

In den Papyrushandschriften bedient man sich nur selten und fast nur in den Todtenbuchtexten, wo die Tradition die Anwendung der „heiligen Schrift" gebot, der reinen Hieroglyphenschrift; gewöhnlich wird eine durch Verkürzung der einzelnen Zeichen entstandene Cursivschrift angewendet, die man nach dem Vorgang der Alten hieratisch nennt. Seit dem zehnten Jahrhundert v. Chr. etwa, als sich auch die Volkssprache schon bedeutend verändert hatte, kam dann noch eine dritte, noch mehr verkürzte Schreibart hinzu, die demotische, deren man sich zunächst für private Urkunden und Contracte, dann auch für Literaturwerke, schliesslich in der Ptolemaeerzeit sogar auf Denkmälern bediente.

Das Material, dessen sich die Aegypter zu ihren Aufzeichnungen bedienten, waren theils ihre Bauten selbst, welche durch die sorgfältig ausgeführten Hieroglyphen, die ihre Wände bedeckten, zugleich einen künstlerischen Schmuck erhielten, theils Inschriftentafeln, Steinblöcke u. ä. mehr. Daneben ist aber schon seit den ältesten Zeiten das aus den Fasern der Papyrusstaude bereitete Papier in Gebrauch, das theils zur Abfassung von Büchern, theils für Briefe, gerichtliche Protocolle, tagebuchartige Aufzeichnungen u. ä. verwendet wird. Daneben sind für Urkunden in einzelnen Fällen weichgegerbtes Leder (Pergament), für private Contracte und Aufzeichnungen nicht selten auch Thonscherben und ähnliches Material verwendet worden. –

Die nationale Geschichte Aegyptens zerfällt in drei Hauptabschnitte. Die erste Periode, welche man gewöhnlich als das „Alte Reich" bezeichnet, umfasst die Zeit von den Anfängen ägyptischer Geschichte (um 3500 v. Chr.) bis auf den Einfall der Hyqsos. Schon völlig entwickelt tritt uns auf den ältesten Denkmälern, den Pyramiden von Memphis (vierte Dynastie,[1]) um 3000 v. Chr.) und der sich daran schliessenden Graeberwelt, das ägyptische Staatsleben entgegen; über seine Entstehung geben uns die Inschriften keine Auskunft. Zunächst ist Memphis der Mittelpunct des Landes; allmählich verschiebt er sich südwärts, und von der elften Dynastie an herrschen thebanische Fürsten über das Land. Zu grosser Blüthe gelangt Aegypten unter der kräftigen Herrschaft der Amenemhat und Usertesen (12te Dyn., um 2000 v. Chr.); da plötzlich bricht die Reihe der Monumente ab, und fast völliges Schweigen bedeckt die nächsten Jahrhunderte.

Ein fremdes semitisches Wandervolk, geführt von den „Hirtenkönigen" (Hyksos), ist in Aegypten eingebrochen und hat den alten Glanz des Reiches vernichtet. Erst nach langen Kämpfen vermögen die einheimischen thebanischen Fürsten wieder zu Macht zu gelangen und schliesslich den Feind zu verjagen. Fünfhundert Jahre, berichtet der Priester Manetho, der unter dem zweiten Ptolemaeer die Geschichte seines Landes in griechischer Sprache aufzeichnete, habe die Fremdherrschaft gedauert; und wenn auch eine so lange Zeitdauer sich mit den Andeutungen der Monumente nicht verträgt, die eine nähere Verknüpfung des „alten" und des „neuen" Reiches erkennen lassen, so ist doch die ganze Geschichte Aegyptens durch die Eroberung der Asiaten umgestaltet. Die Verbindung zwischen Aegypten und den benachbarten Ländern Asiens ist nie wieder unterbrochen; die Dynastie der Befreier trägt ihre Waffen sofort nach Syrien und Phoenikien; Tehutmes III empfängt Tribut von den Königen Assur's und Babel's, und Seti I und Ramses II brechen die Macht des mächtigen Chetavolkes, dem der schönste Theil Syriens gehorchte. Dadurch ist aber nicht nur Aegypten zu Macht und Glanz gelangt, es verpflanzt auch seine Cultur nach Asien: die Ueberreste der phoenikischen, ja der assyrischen Kunst[2]) zeigen deutlich, wie tiefgreifend der Einfluss der aegyptischen Herrschaft gewesen ist. Auch ihre Schrift verdanken die Phoeniker den Aegyptern, haben aber die hieroglyphische Schrift wesentlich umgestaltet, indem sie aus derselben zweiundzwanzig Buchstaben zusammenstellten und alle Sylbenzeichen und Ideogramme beseitigten. So schufen sie die erste rein phonetische Schrift. Aus dem phönikischen Alphabet sind dann bekanntlich alle Schriftarten der westlichen Völker bis auf die modernen herab hervorgegangen. –

Diese Periode, die Zeit der achtzehnten und neunzehnten Dynastie, ist zugleich diejenige, in welcher die grossartigsten Monumente, die Tempel und Königsgräber von Theben, entstanden, aus welcher uns bei weitem am meisten Denkmäler von Stein und Papyrus erhalten sind. Indessen das frische naturwüchsige Leben ist dieser Zeit schon entflohn; überall herrscht die Formel, die Überlieferung; man erkennt sofort, dass man es mit einer alten, schon völlig abgeschlossenen und daher erstarrenden und ersterbenden Cultur zu thun hat. Es folgt daher mit der zwanzigsten Dynastie (um 1200 v. Chr.) die Zeit des Verfalles. Die Herrscher versinken in Unthätigkeit, die literarische Thätigkeit erstirbt, bald bedrängen äussere Feinde, die Assyrer und Aethiopen, das Land aufs äusserste. Die grosse Reichshauptstadt, Theben, wird von den Assyrern zerstört, wenn auch natürlich nicht vollständig (673 v. Chr.). Noch einmal gelingt es der sechsundzwanzigsten Dynastie (Psammetich), das altägyptische Reich wiederherzustellen. Aber im Jahre 525 erliegt es dem Angriffe des Kambyses, und seitdem hat es sich trotz fortwährender Empörungen gegen die fremden Gewalthaber nie wieder von der Fremdherrschaft befreien können. Unter den Ptolemaeern und Römern geht die altägyptische Nationalität zu Grunde; nur noch die Sprache erhält sich bei den Kopten, die aber kein Volk mehr sind, sondern nur noch eine christliche Secte. –

Was die aegyptische Cultur vorzugsweise characterisirt, ist ihr Materialismus. Ueberall bleibt der Geist an dem gegebenen Materiale haften. Während namentlich in der Kunst die Bewältigung aller technischen Schwierigkeiten in staunenswerther Weise gelingt, aber auch in der Wissenschaft die praktischen Fragen oft in überraschender Weise gelöst werden, ist es dagegen den Aegyptern nie gelungen, sich in der Sprache von den Fesseln des Wortes – und fügen wir hinzu des Wortbildes – in der Religion und der Speculation von den Fesseln des mythischen Symbols zu befreien, auf künstlerischem Gebiete sich zu freier Behandlung der Form, auf wissenschaftlichem zu theoretischer Fassung und Behandlung der Probleme zu erheben. Während der griechische Geist überall das schwierigste zu lösen und volle Freiheit zu erringen trachtet, ist der Geist der Aegypter überall gebunden an das gegebene Material. Daraus erklärt sich die ganze Geschichte der aegyptischen Cultur. Nirgends tritt der Einzelne hervor, nie wagt er es sich in einen Gegensatz zu stellen zu der Masse, zu der Ueberlieferung; und sobald ein Höhepunct der Cultur erreicht ist, hört der weitere Fortschritt auf, die feste Satzung, die Ueberlieferung welche die Resultate der früheren Entwickelung in ewige Regeln zusammenfasst, der „hieratische Kanon" bindet den Einzelnen, schreibt ihm genau vor, wie er denken und wie er schaffen soll. Dieser Höhepunct ist völlig erreicht zu Anfang des Neuen Reichs (um 1500 v. Chr.); und von da an tritt ein Stillstand der Cultur ein, der nur zu bald zum Rückschritt und schliesslich zum Untergang der Nation und ihrer Cultur führt.

Zur Zeit der Pyramiden konnte der Künstler noch frei bilden und die Natur zur einzigen Richtschnur nehmen, wie die lebendigen und künstlerisch vollendeten Darstellungen der Grabkammern zu Saqqarah und die herrlichen Statuen jener Zeit, der Schech el beled, die Statuen des Rahotep und der Nefert zu Meidum, sowie die des Chephren, des Erbauers der zweiten Pyramide, beweisen: im neuen Reich dagegen war er durch die Gesetze welche die Tradition ihm vorschrieb strenge gebunden, und das Leben entschwand seinen Werken. Ein gleiches gilt von der Literatur, und ähnliche Erscheinungen zeigen sich im politischen Leben. Ueberall ist die Selbständigkeit des Einzelnen, die Freiheit verschwunden, und damit sind die Grundlagen der Cultur vernichtet. Für alle Zeiten dient die aegyptische Geschichte der Menschheit als warnendes Beispiel und verkündet das grosse Gesetz aller Entwickelung, dass wo der Fortschritt aufhört, wo Tradition und Priestersatzung den Geist beherrschen und ertödten, ein immer zunehmender Rückschritt und schliesslich der Untergang der Nation unvermeidlich sind.

Der wichtigste und für uns interessanteste Zweig der aegyptischen Literatur, zugleich freilich derjenige, welcher einem eindringenden Verständniss die grössten Schwierigkeiten in den Weg legt, sind die religiösen Schriften. Sie übertreffen auch an Umfang alle anderen Gattungen der Literatur. Wir werden daher zunächst diese im Zusammenhange ihrer Entwickelung darstellen und dann von der übrigen Literatur des Alten Reichs, der thebanischen Zeit und schliesslich der Epoche des Verfalls und Unterganges der aegyptischen Nationalität ein Bild zu entwerfen versuchen.

2. Die religiöse Literatur der Aegypter.

Keine Naturreligion ist ein ausgebildetes theologisches System; überall kreuzen sich die verschiedensten religiösen, mythologischen und philosophischen Anschauungen, und stehen oft genug in crassem Widerspruch, den auszugleichen den Bemühungen der späteren Interpreten, der Priester und Theologen, überlassen bleibt, unvermittelt neben einander. Das gleiche gilt von der altägyptischen Religion; auch hier ist die philosophisch-einheitliche Gestaltung, wie sie aus der griechischen Ueberlieferung bekannt ist, das Product langjähriger Priesterarbeit, während bunte Mannigfaltigkeit ihren Ausgangspunct bildet. Wenn wir im folgenden eine kurze Schilderung ihrer ursprünglichen Gestaltung versuchen, so darf der Leser nie vergessen, dass die von uns gesonderten Elemente natürlich in Wirklichkeit niemals isolirt vorkommen, sondern stets auf das engste mit einander verflochten sind.

Drei Hauptbestandtheile vermögen wir in der aegyptischen Religion zu unterscheiden: die fetischistischen Elemente, den Ahnencult, und einen hoch entwickelten Naturdienst. Es sind dieselben Bestandtheile die sich in allen primitiven Religionen finden, nur in sehr verschiedener Zusammensetzung und Ausbildung der einzelnen Elemente.

Unter „Fetischismus" versteht man diejenige religiöse Anschauung, nach welcher vor allem unbelebte, aber auch belebte Gegenstände der Natur (Steine, Bäume, Thiere) als Sitz übernatürlicher Kräfte gedacht werden, und zugleich der Mensch oder wenigstens der Zauberpriester die Macht hat, diese übernatürlichen Kräfte in einen bestimmten Gegenstand, einen Fetisch, zu bannen, mittelst bestimmer Formeln oder Riten auf denselben einen Einfluss auszuüben und schliesslich wohl auch die Kräfte desselben auf sich zu übertragen. Diese Anschauungen beherrschen alle Vorstellungen der Aegypter. Bekannt ist, dass namentlich die Thiere als Sitz der Götter und Dämonen galten. Ganz Aegypten verehrte die Kuh, den Ibis, die Katze; in einigen Gegenden wurde das Krokodil, in anderen der Hund, der Oxyrynchos (ein Fisch) u. s. w. verehrt. In Memphis galt ein mit bestimmten Kennzeichen versehener Stier, der Apis, als Incarnation des Hauptgottes der Stadt, Ptah=Sokar, als „wiederbelebter Ptah"; sein Cult wurde in späterer Zeit über ganz Aegypten verbreitet, und als Sarapis erhoben ihn die Ptolemaeer zu ihrem Reichsgott, wie vorher die thebanischen Könige den Gott Ammon von Theben. Aber auch sonst ist die ganze aegyptische Religion vom Fetischismus durchsetzt. Amulette und Talismanen,

Zauberformeln und ängstliche Vorschriften über alles was man jeden Tag zu thun und zu vermeiden habe – ein derartiger „Kalender der heilbringenden und Unglückstage“ voll des unsinnigsten Aberglaubens ist uns noch erhalten – Opfer und Gebete begleiten den Aegypter von der Geburt bis zum Tode, und nach dem Tode wird ihre Bedeutung womöglich noch wichtiger.

Der Glaube an die Unsterblichkeit der Seele, dessen Wurzeln in die Anfänge menschlichen Denkens zurückreichen, findet sich bei allen Völkern der Erde. Die Juden und die Araber von Mekka scheinen die einzigen gewesen zu sein, welche ihn nicht gekannt haben. Mit dem Tode ist offenbar aus dem Menschen etwas herausgenommen, das sich vom Körper losgelöst hat und nun getrennt von ihm weiterexistirt, auch in Träumen und Visionen den Nachkommen erscheint und auf ihre Geschicke von bedeutendem Einfluss ist. Diese Seele des Verstorbenen wird im übrigen ganz nach dem Bilde des Todten gedacht, in unbestimmter menschlicher Gestalt, mit menschlichen Begierden und Bedürfnissen, in der Regel auch noch in besonderer Verknüpfung mit dem Leichnam stehend. Offenbar kann sie sich freier bewegen als der Mensch, ist nur selten oder garnicht sichtbar, kann aber andrerseits nicht selber für sich, ihre Bekleidung, ihren Lebensunterhalt sorgen. Die Nachkommen haben daher die Pflicht, diese Sorge zu übernehmen, und so entwickeln sich eine Reihe von Anschauungen und Bräuchen, bei denen nun die Seele und der Leichnam, an dessen Pflege, Erhaltung oder regelrechter Bestattung die Wohlfahrt, ja die Existenz der Seele geknüpft ist, in wirrester Weise bald geschieden bald mit einander verwechselt werden. In den verschiedensten Variationen finden wir diese Anschauungen bei Indern und Chinesen, bei Persern und Griechen. Nirgends aber haben sie sich zu solcher Ausbildung entwickelt wie bei den Aegyptern. Es muss der Leichnam möglichst vor der Vernichtung geschützt und daher einbalsamirt werden. Wer die Mittel dazu hat, lässt sich eine prächtige Grabkammer erbauen, in der er für die Ewigkeit ruhen kann, und an deren Wänden er von seinen Thaten und Würden den Nachkommen berichtet, die sich an den Festtagen zu fröhlichem Schmause in der Grabeshalle versammeln. Zahlreiche Todtenopfer werden, wie die Inschriften der Wände aufzählen, von seinen Kindern und Untergebenen dem Verstorbenen dargebracht, der selber beschützt wird ja identisch ist mit dem Gotte Anubis. Dieser Gott, der schakalsköpfig dargestellt wird, weil die Schakale die Todtenstädte in der Wüste umschwärmen und daher als ihre Schutzherrn gelten, führt die Namen „Anubis in der Göttlichen Grabordnung, der Herr der Bestattung, der Herrscher der Unterwelt“. Neben ihm übernehmen auch andere Götter den Schutz des Todten, ihnen werden in seinem Namen Opfer dargebracht, und sie geben ihm „Brot, Trank, Rinder und Gänse, Kleidung, und alle guten und reinen Dinge, glückliche Bestattung im Westlande, Trunk des reinen Nilwassers und Einathmen des süssen Nordwindes“.

Dies sind die einfacheren Formen des Todtendienstes, wie sie uns die Inschriften der zahllosen Gräber des Hofstaates der alten Pharaonen welche die Pyramiden von Gizeh und Saqqarah bauten, kennen lehren. Weit complicirter wurde derselbe durch die enge Verbindung, in welche er mit den Lichtgöttern getreten ist.

Unter den Naturgöttern, welche die alten Aegypter verehrten, nimmt Hāpi der Nilgott eine hervorragende Stelle ein, und zwei Papyrus des British Museum haben uns noch den schönen Hymnus an den Gott, der Ueberschwemmung und Leben nach Aegypten bringt, bewahrt, welchen der Schreiber Anna unter der Regierung des Mernephtah aufgezeichnet hat. Ganz vorwiegend aber sind die Hauptgötter Aegyptens Lichtgötter, die männlichen Götter der Sonne, die weiblichen Gottheiten des Lichthimmels. In den mannigfachsten mythologischen Gestaltungen wird die Sonne aufgefasst: als schneller Sperber mit leuchtenden Augen (Horus), als Stier, der mit der Himmelsgöttin, seiner eigenen Mutter, das Leben zeugt (Chem, Ammon), als König, der in seiner Barke über den Himmel oder mythologisch gesprochen den Rücken seiner Mutter Nut, fährt (Ra, Tum); auch in mystischeren Gestaltungen, so als der wunderbare Skarabaeuskäfer, der sein Ei vor sich herrollt (Chepera). Die Himmelsgöttin heisst Nut „der Ocean“ (männlich gefasst als Nun das Urwesen, die Materie, „der Vater aller Götter“), Isis, Hathor „die Herrin der Sykomore“, d. h. des Himmelsbaumes, Neit, „die Herrin von Sais“, Mut „die göttliche Mutter“. Neben diese Götter treten die Mondgötter Aāh, Chunsu und Tehuti (Thoth), der Gott welcher den Monat beherrscht, die Maasse und Ordnungen geschaffen hat, und bald zum Gotte der Intelligenz, zum Erfinder der Schrift und Verfasser der heiligen Bücher (Hermes Trismegistos bei den Griechen) geworden ist. Ferner die Göttinnen der vernichtenden Sonnenhitze, die löwenköpfige Tafnut „die Herrin der Stunde“, Sechet, Bast, der Erdgott Seb, der Luftgott Shu, auf dessen Stützen die Sonne einherwandelt, Maat „die den frischen Nordwind bringt“ und daher bald zur Göttin der Klarheit und Wahrheit, zur Herrin der Gerechtigkeit und des Urtheils geworden ist. Dazu zahlreiche Götter deren ursprüngliche Bedeutung weniger klar ist: der widderköpfige Chnum mit seinen Genossinnen Satet und Anuqat den Göttinnen der Katarakten, und vor allem der räthselhafte Ptah (auch Sokar genannt) der uralte Gott von Memphis, der Gott „mit dem schönen Antlitze“ der in Mumiengestalt mit allen Attributen der Herrschaft dargestellt wird, der das Weltenei zerschlug und den Dingen ihre Gestalt gab. Als eine Probe der späteren kosmogonischen Speculationen der Aegypter füge ich hier gleich den Hymnus an, welchen Ramses III (um 1200) in dem grossen Harrispapyrus, den das British Museum bewahrt, an ihn richtet:

„Heil Dir, mächtiger, alter, Gott Tamu, Vater der Götter, Fürst vom ersten Anfang, der die Menschen baute und die Götter schuf zu Anfang der Schöpfung als die erste Substanz entstand, nach der erst alles andere gekommen ist. Er machte den Himmel in dem er sein Herz bildete, und hängte ihn auf an den Stützen des Shu (der Luft); er gründete die Erde in dem er sich selbst schuf, und umgab sie mit dem Nun (dem Ocean) und dem grossen (mittelländischen) Meere; er schuf die Unterwelt, wo die Körper zur Ruhe gehn, und liess Rā (den Sonnengott) hinabgehn für ihre Wohlfahrt zu sorgen als Herrscher der da lebt und gedeiht in Ewigkeit, Herr des Lebens, der die Kehlen öffnet und den Odem in die Nasen strömen lässt; man lebt von dem was aus seinem Munde hervorgeht. Er gibt Frieden den Göttern allen in der Gestalt des Nun (Himmelsoceans). Fürst der Ewigkeit, der den Hauch des Lebens kreisen lässt durch die Menschen, der den König auf seinen Thron führt als König der Gaue. Ich (Ramses III) bin Dein Sohn, gesalbt zum König auf dem Sitze meines Vaters“.

Es sei übrigens gleich bemerkt, dass ähnliche Aussagen und Attribute bei den meisten Hauptgöttern Aegyptens vorkommen, nur in der Regel in höherem Grade mit mythologischen Anschauungen verquickt.

Es war nöthig dem Leser die wichtigsten Götter in kurzer Übersicht vorzuführen, um ihn von dem ungeheuren Umfang – denn es kommen noch eine Masse untergeordneter Götter und Dämonen hinzu – des Aegyptischen Pantheons und der nahen Verwandschaft der meisten Götter eine ungefähre Vorstellung zu geben. Natürlich wurden nicht alle diese Gottheiten überall verehrt. Aegypten zerfiel in mehr als vierzig Gaue, und jeder von diesen hatte seine bestimmten Heiligthümer, Götter, Gebräuche und Mythen. Häufig standen sich die verschiedenen Gaue in ihren religiösen Anschauungen sogar geradezu feindlich gegenüber, sodass noch in der römischen Kaiserzeit die Verehrer des heiligen Hundes mit denen des heiligen Fisches Oxyrynchos einen förmlichen Krieg führten. Die Götter Ptah, Apis, Neit sind in Oberaegypten, die Götter Ammon, Chunsu, Chnum in Unteraegypten unbekannt. Gewöhnlich sind die Localgötter zu Triaden vereinigt, die in der Regel aus zwei männlichen und einer weiblichen Gottheit bestehn. Grössere Kreise bestehn dann meist aus 9 Göttern. Allgemein aegyptisch sind nur die eigentlichen Nationalgötter Ra und Horus (mit seiner Mutter Isis), als deren Repraesentant auf Erden daher seit den ältesten Zeiten der König gilt, der daher immer als „siegreicher Horus“ und „Sohn des Ra“ bezeichnet wird; daneben der Sonnengott Tum der in Heliopolis und die Gottheiten des Osiriskreises, die in Abydos, Hermopolis, und Mendes ihren Hauptcult hatten.

An die grossen Sonnengötter Ra und Tum einerseits, Osiris und Horus andrerseits knüpften sich nun zahlreiche Mythen. Der Aufgang der Sonne war offenbar „ihre Geburt am Horizonte“. Siegreich und triumphirend drang der junge Gott vorwärts in dem blauen Ocean seiner Himmelsmutter, bis er sich am Abend zum Untergange neigte. Entweder fasste man dies als ein zur Ruhe gehen des Gottes, um am nächsten Tage wieder aufs neue seine strahlende Laufbahn zu beginnen – so in den Sagen von Rā und Tum, wo der Gott, wie man bald weiter dichtete, nun hinabstieg in das Land der Todten, die grosse Halle der Unterwelt, um auch hier zu herrschen und zu leuchten, ja wohl gar erst seinen Eintritt erkämpfen musste von den Wolkendämonen und der Macht der Finsterniss (der bösen Schlange Apep), die ihm den Weg nach Westen sperrte. Im Osirismythos aber war der Untergang der Sonne ihr Tod; der Gott erlag den Nachstellungen seines feindlichen Bruders Set, des Gottes der Finsterniss und des Bösen, der bald zum Herren aller Feinde Aegyptens, zum Satan der aegyptischen Religion wurde und als solcher Jahrhunderte lang eifrig verehrt ward obwohl man seinen Namen auszusprechen sich scheute. Der „gute Gott" Osiris erlag seiner Tücke; er ging ein in die Gefilde des Westreichs um dort in Frieden zu herrschen über die Seligen, als „Gott mit ruhendem Herzen", als ausserweltlicher König der Wahrheit und des Guten, der in Mumiengestalt verehrt wurde.

Doch er hatte, als er mächtig am Himmel strahlte, von Isis der Himmelsgöttin einen Sohn gezeugt, den Horus, die junge Sonne des nächsten Tages. Am nächsten Morgen bricht dieser hervor am Horizonte, „vernichtet die Finsterniss", besiegt den Set. Tehuti „der Herr der Gerechtigkeit", der Gott der Intelligenz, steht ihm bei, vertritt seine Sache vor den Grossen Göttern und verschafft ihm im Rechtsstreite den Sieg über Set. Triumphirend zieht Horus über den Himmel um in Ewigkeit zu herrschen als stets junger, stets sich selber erneuernder Gott, „der seinen Vater gerächt hat".

Es ist die Eigenschaft aller Mythen, dass sie, ursprünglich lediglich eine primitive aber vollkommen verständliche Auffassung der Naturerscheinungen, in der Anschauung der Masse sich allmählich in einmalige historische Ereignisse der grauen Vorzeit umwandeln, während ihr ursprünglicher Sinn schliesslich ganz verlorengeht. So sind aus dem alten indogermanischen Mythos von den Lichtgöttern die mit dem Blitzstrahl die schreckliche Wolkenschlange erschlagen, welche die regenspendenden Kühe geraubt und die himmlische Lichtjungfrau in ihr Wolkenschloss entführt hat, schliesslich die griechischen Helden geworden welche Ilion zerstören und die Helena mit den reichen Schätzen befreien. Ebenso stirbt nach ägyptischer Anschauung ursprünglich Osiris jeden Tag, und Horus rächt ihn an jedem folgenden Morgen; allmählich aber wird daraus ein einmaliger Vorgang.

Der Kampf ist längst beendet, Osiris herrscht im Westreich in Frieden, Horus ist der lichte Herr Aegyptens, während dem Set die Herrschaft über das feindliche Ausland zugefallen ist[3]).

Endlich sind aus Osiris und Horus, Set und Tehuti, den uralten Göttern, historische Könige geworden, die vor den menschlichen Herrschern Jahrtausende lang in Aegypten regierten. In dieser Auffassung, die sich schon in sehr früher Zeit monumental nachweisen lässt, liegt uns die Sage in den griechischen Berichten vor. Auch die ursprüngliche Bedeutung des Mythos war längst vergessen und man suchte nach neuen. So hielt man Osiris für den Nil, Set für die Wüste; oder man erklärte die Sage als eine mystische Einkleidung des ewigen Kampfes zwischen dem guten und bösen Princip, eine Auffassung, die zwar sehr alt, aber dem ursprünglichen Mythos völlig fremd ist.

Horus ist den Aegyptern nicht nur der Sohn des Osiris, er steht auch selbsständig neben ihm, als Bruder des Osiris „der ältere Horus“ nach dem späteren System. Auch als solcher liegt er mit Set in ewigem Kampfe. Namentlich ist es die Sonnenfinsterniss „die Stunde des Grausens“ welche hier einen grösseren Mythos entwickelte. Set, der hier wohl als Schwein gedacht wird, sucht dem Sonnengotte sein leuchtendes Auge auszureissen, und in dem furchtbaren Kampfe wäre Horus verloren gewesen, wenn nicht wieder Tehuti, der Mondgott, dessen Mitwirkung bei der Sonnenfinsterniss die Aegypter früh bemerkten, intervenirte und das ausgerissene Auge wiederherstellte. Dies ist der Kampf der beiden feindlichen Brüder, bei dem Horus sich soweit verging, dass er sogar seiner Mutter Isis, die den Set, der auch ihr Bruder war, in Schutz nahm, das Haupt abschlug, welches dann Tehuti durch ein Kuhhaupt ersetzte.

Natürlich knüpfen sich zahlreiche Mythen auch an die anderen Götter, die wir aber hier als weniger wichtig übergehn können. Zu bemerken ist nur, dass wir hier die aegyptischen Anschauungen einigermassen in ein System gebracht haben, um sie dem Leser überhaupt verständlich zu machen, während in Wirklichkeit die verschiedensten Mythen und Auffassungen in der wirrsten Weise vermengt sind. Immerhin aber wird es nach dem Gesagten dem Leser möglich sein, einen ägyptischen mythologischen Text zu verstehn und die einzelnen Anspielungen auf ihren Ursprung zurückzuführen.

Das Schicksal der Sonnengötter hatte nun eine auffallende Aehnlichkeit mit dem des Menschen. Auch dieser wurde geboren zu einem Leben voll Mühsal und Kämpfen und voll frohen Genüssen; auch dieser erlag im Alter den feindlichen Mächten, um heimzugehn in die Ruhestätte des Westens und hier in Frieden zu leben als ein übermenschliches Wesen, als ein Gott, der nur noch genoss aber nicht mehr litt. Schon in allerfrühester Zeit begann man daher den Menschen direct mit den Göttern zu identificiren, ihre Schicksale auf die seinigen zu übertragen und ihm für die Zukunst das Leben der Götter in Aussicht zu stellen. Es wurde der Mensch schliesslich geradezu zum Rā und Tum, zum Osiris und Horus gemacht, was von diesen Göttern galt, galt auch von ihm; nach seinem Tode vereinigte er sich mit ihnen, nahm an ihrem Glanze, ihrer Majestät, den ihnen gespendeten Opfern Theil, oder befand sich wohl auch „unter ihren Genossen in der Götterbarke".

Ursprünglich war an den verschiedenen Cultusstätten der Todte mit verschiedenen Göttern identificirt worden; in Heliopolis mit Ra-Tum, in Abydos mit Horus, anderwärts mit Chem, Shu, Sebak ja Set.[4]) Andrerseits trägt diese ganze Lehre natürlich von Anfang an den Character einer Geheimlehre, eines Mysteriums, welches nur den „Wissenden" mitgetheilt wird und offenbar erst allmählich sich verbreitet haben kann. In der Pyramidenzeit finden wir verhältnissmässig noch wenig davon, während sich dann die neue Lehre rasch verbreitet und ganz allgemein wird, die alten Formeln und Texte entweder verdrängt oder in sich aufnimmt und zu Ende des Alten Reichs vollkommen abgeschlossen ist. In älterer Zeit war die Identificirung mit Ra und Tum, den erhabenen, unbesiegten und ewigen Lichtgöttern, vorherrschend. Hier wurde die Gleichsetzung des Todten mit der Gottheit nie ganz crass materialistisch durchgeführt; wenn auch die Geheimlehre ihre Identität mit voller Consequenz aussprach, so heisst doch der Verstorbene immer nur „der dem Rā oder Tum, dem grossen Gotte, dem Herrn ergebene jeden Tag", und in der Regel freut er sich nur, nach dem Tode die Herrlichkeit des Gottes schauen zu können, an seinen Freuden theilzunehmen, unter seinen Genossen zu sein. Später dagegen wurde die Gleichsetzung mit Osiris allgemein, und zugleich die Lehre viel roher und sinnlicher gefasst. Der Todte heisst jetzt regelmässig und in allen Texten direct „Osiris N. N.“ mit dem Zusatze „maacheru“ „dessen Worte Wahrheit sind“, wie es die des Osiris waren im Kampfe gegen seine Feinde.

Hand in Hand mit dieser Entwickelung ging eine andere Umgestaltung der aegyptischen Religion. Wir haben oben gesehn, wie nahe sich ein grosser Theil der aegyptischen Götter stand, wie was von dem einen galt, mit ziemlichem Rechte auch von dem anderen gesagt werden konnte; wie andrerseits in Folge der Localculte die verschiedenen Götter in Gegensatz, ja in Feindschaft mit einander traten. Es war daher nicht minder ein politisches als ein intellectuelles Bedürfniss, hier eine Einigung, einen Reichscultus zu schaffen, und den Priestern gelang es, diese Aufgabe zu lösen. Man setzte die verschiedenen Götter einander gleich, verschmolz zunächst äusserlich ihre Attribute und Gestalten. So finden wir schon in sehr früher Zeit einen Ptah-Sokar-Osiris, einen Rā-Horus-Tum, einen Chem-Horus u. s. w. Oder man erklärte alle Götter nur für verschiedene Formen und Namen des einen, ursprünglichen, „der seine Glieder gebildet hat zu Göttern“, der der Vater ist aller Götter, der „Herr der Ewigkeit und Unendlichkeit“ oder, mythologisch gesprochen, der „Gemal seiner Mutter“, der „von seiner Mutter“, oder „in seinem Namen sich selbst gezeugt hat“. Dieser eine Gott heisst sehr gewöhnlich Ra, in Heliopolis Tum, in Memphis Ptah, in Hermopolis Tehuti, in den Todtentexten bald Ra oder Tum, bald Osiris, als dessen Manifestation sein Sohn Horus gilt. Für die Geheimlehre waren auch alle diese identisch, und man sprach daher schon in sehr alter Zeit auch ohne einen Namen zu nennen von „dem Grossen Gotte“, dem „Herren“, dem „im Westreich“, oder „dem dessen Name verborgen ist“ (amon renef). Seit Theben an der Spitze Aegyptens stand, wurde dann Amon für diesen „Gott aller Götter“ erklärt. Das Resultat war, dass praktisch – das Volk blieb natürlich immer crass polytheistisch – jedes Attribut von jedem Gotte auf jeden andern übertragen werden konnte, während theoretisch sich ein höchst eigenthümlicher monotheistischer Pantheismus ausbildete.

An diese Speculationen knüpften sich weitere über das Wesen der Welt und das Wesen des Menschen. Mit der Kosmologie und Kosmogonie war man bald im reinen, seitdem man erkannt hatte, dass alle Götter identisch seien und die Menschen nur ein Ausfluss der Götter, der sich wieder mit ihnen vereinigte. Zwar scheint es dass man der Materie, dem Nun (ursprünglich dem Himmelsocean), dem grossen Weltenei, woraus Ptah die Dinge bildete, eine bedingte Existenz neben dem ewigen Geiste zuerkannte. Aber der letztere beherrscht durch das Wort, die Zauberformel, die Materie vollkommen, letztere vermag aus sich selbst nichts.

Im Menschen unterschied man die verschiedenen Substanzen welche sich mit dem Körper vereinigt hatten und die sich beim Tode von einander trennten; zunächst den Ka, das „Wesen“, die „Individualität“ der Person, gleichsam den Extract, das geistige Abbild des Körpers; den Ba, die lebendige Seele, die in Vogelgestalt gedacht wird; den Chu, die göttliche Intelligenz. Es war für den Todten von der höchsten Wichtigkeit diese verschiedenen Bestandtheile wiederzugewinnen, und zahlreiche Abschnitte der funerären Literatur handeln von der Rückgabe namentlich des Ba, der Seele, an den Todten, daneben von der Wiedererlangung des Athmens, der Beweglichkeit der Gliedmassen, der Sprache, des Herzens u. s. w. Im übrigen ist natürlich das Leben nach dem Tode die eigentliche Bestimmung des Menschen, im Reiche des Osiris ist seine wahre Heimath, das irdische Leben ist nur etwas unwesentliches, vorbereitendes für den „Wissenden“.

An den Cultus der Lichtgötter hat sich bei allen Völkern eine höhere Entwickelung der moralischen Anschauungen angeschlossen: der Lichtgott wird zum Princip des Guten, die Finsterniss zum Princip des Bösen. So auch in Aegypten. Set wird zum Herren alles feindlichen, verderblichen und Bösen; „der gute Gott“ „der Herr der Wahrheit (oder Gerechtigkeit)“ wird ein Attribut jeder Gottheit. Auch an den Menschen stellt ihr Dienst moralische Anforderungen der Reinheit, der Sündenfreiheit. Nur ist hierbei immer zu beachten einmal dass das moralisch Gute sich erst sehr allmählich von dem für den Einzelnen Guten, d. h. dem Nützlichen, absondert, und dass die an den Menschen gestellten Forderungen sich zum grossen Theil auf äussere Dinge, auf Beobachtung des Ceremoniells, der äusseren Reinheit cet. beziehen.

In der Geschichte aller Religionen kann man beobachten, dass mit dem Cultus der Lichtgötter zwar zunächst reinere und höhere Elemente in die Religion eintreten, dann aber die rohen und fetischistischen Bestandtheile nur um so energischer sich geltend machen, die Speculation überwuchern und oft genug allen weiteren Fortschritt unmöglich machen. Die indische, die persische, vor allem aber die aegyptische Religion lassen diesen Process deutlich erkennen. In der Pyramidenzeit finden wir noch einen einfachen, heiteren Polytheismus; das irdische Leben kann sich noch in voller Breite entfalten, und die heitersten Scenen schmücken die Wände der Todtenkammern. Die neuen Anschauungen bringen zwar einen höheren Aufschwung des Geistes, wie er sich in manchen Todtentexten und namentlich in den Hymnen an Ra und Ammon ausspricht; aber bald werden sie von dem erst jetzt in grösserem Umfange hervortretenden Zauber- und Formelwesen vollständig überwuchert. Die Grabkammern haben kaum noch Platz für die Scenen des Lebens; sie können nur mit Mühe die zahllosen Texte aufnehmen, die für die Wohlfahrt des Todten nöthig sind. Jeder denkbare Fall ist vorgesehn; alle Hirngespinste einer raffinirten Phantasie nehmen feste Gestalt an, finden eingehende Berücksichtigung. Die Gespenster und Dämonen welche im Leben wie nach dem Tode den Göttern und Menschen auflauern, die Schrecken welche der Seele warten und denen sie nur durch Zaubersprüche entgehen kann, die Genüsse, denen sie wenn sie „wissend" ist entgegengeht, sie werden immer umständlicher und materialistischer ausgemalt. Kein Volk hat es fertig gebracht, so fest an die tollsten Spuckgestalten, die eine wahnwitzige Phantasie auszuhekken vermag, zu glauben, so sicher mit ihnen zu operiren, wie die Aegypter. Aller Geist geht dabei völlig zu Grunde; das Leben wie der Tod ist beherrscht von Zauberei und Truggestalten, von den Satzungen und Lehren der Priester. Es finden sich noch einzelne schöne Hymnen, einzelne höhere Gedanken; aber meist sind sie nach älteren Vorlagen gearbeitet, und was noch etwa neues gebracht wird, muss sorgfältig in das Gewand der grauen

Vorzeit gekleidet, für uralte göttliche Offenbarung ausgegeben werden, um Glauben zu finden.

Im Leben will der Einzelne geschützt sein gegen die Dämonen, die wilden Thiere, die Unglücksfälle des Lebens; nach dem Tode will er nicht nur zur Identität mit der Gottheit eingehn, sondern auch – denn hier gehn die Vorstellungen natürlich noch wirrer durcheinander, alte und neue Anschauungen kreuzen sich noch viel mehr als sonst – in den Gefilden des Westens in Frieden leben, auf die Erde zurückkehren um „Gestalten anzunehmen welche er will“ und dergleichen mehr. Das alles wird ihm zu Theil durch genaue Befolgung der heiligen Satzungen, durch Amulette und Zauberformeln. Damit er Arbeiter habe, die für ihn das Feld bestellen, werden ihm beschriebene Puppen ins Grab gelegt; zahlreiche Amulette, mit wirksamen Formeln beschrieben, sind dem Lebendigen wie dem Todten umgehängt; vor allem aber ist seine Grabkammer oder sein Sargkasten mit all den Formeln vollgeschrieben, die er wissen muss, um ungefährdet und glücklich im Reiche des Todes leben zu können. Noch gewöhnlicher werden ihm dieselben auf Papyrosrollen mit ins Grab gelegt. Zahllose Exemplare dieses Werkes, des sogenannten Todtenbuches, von den Aegyptern „das Buch vom Hervortreten des verstorbenen Osiris N. N.[5]) ans Tageslicht“ genannt, sind uns erhalten; das umfangreichste, aus der 26 Dynastie, befindet sich in Turin.

Inhaltlich ist das Todtenbuch vor der Zeit abgeschlossen, da die thebanischen Dynastien zur Herrschaft über Aegypten gelangten, also in der Mitte des Alten Reichs, etwa um 2400 v. Chr., denn der grosse thebanische Gott Ammon wird in demselben ebensowenig erwähnt wie die Stadt Theben. Aber formell ist es immer weiter ausgearbeitet, commentirt und ergänzt. Es besteht aus zahlreichen Capiteln, die meist speciellen Zwecken dienen: „von der Wiedergabe des Herzens an den Todten“ „vom nicht sterben oder verfaulen in der Unterwelt“ „vom Abwehren der Schlange, des Gewürms, der Krokodile“ „von der Verwandlung in einen Sperber, in den Bennu Vogel, in die Seta-Schlange, in einen Götterfürsten, in jede Gestalt die man wünscht“ „von der Kenntniss der Geister des Westens, des Ostens, der heiligen Städte“ „von den Pforten des Gefildes Aalu (Elysium)“ von verschiedenen Amuletten, u. s. w. Das Kapitel enthält die nöthigen Zauberformeln, und zum Schluss steht sehr häufig eine Versicherung wie: „Wer dieses Kapitel weiss in der Unterwelt oder sich auf den Sarg schreiben lässt, ist ein vollendeter Geist in der Unterwelt; nicht stirbt er von neuem, er tritt hervor ans Tageslicht, er nimmt an welche Gestalten er will, er geht ein und aus, erhält Speise und Trank in den elysaeischen Gefilden gewiss und wahrhaftig" u. s. w., auch wohl „wer es auf Erden weiss, der ist wie Tehuti".

Als eine Probe der im Todtenbuch entwickelten Anschauungen in ihrer reineren Gestalt lege ich hier einen der aeltesten Texte vor, der lange Zeit vor allen anderen kanonisches Ansehn genoss und mehrfach überarbeitet ist; die späteren Redactionen geben zu jedem Satze drei bis vier Commentare. – Ich gebe hier nur die aelteste Fassung, mit Hinzufügung einiger der charakteristischsten Erläuterungen:

„Der dem Rā ergebene jeden Tag, N. N.[6]), spricht das Kapitel vom Hervortreten ans Tageslicht in der Unterwelt. Es beginnt die Rede:

„Ich bin Tum, ich bin der Eine (Gott).
Ich bin Ra in seinem ersten Glanze[7]).
Ich bin der grosse Gott der sich selbst schafft,
der seinen Namen bildet „Herr des Götterkreises,
den keiner aufhält unter den Göttern.
Ich war gestern, ich kenne den morgigen Tag.[8])
Bereitet wurde ein Kampfplatz der Götter auf meinen Befehl;
ich kenne den Namen des grossen Gottes, welcher dort ist[9]).
Ich bin in meinem Lande, ich komme in meine Wohnung[10]),
vernichtend die Feinde, fällend die Bösen.
Ich reinige mich in jenen beiden Grossen Seen in Hatchensu (Herakleopolis) …..[11])
Wandelnd auf dem Pfade weiss ich dass mein Haupt ist im Lande der Gerechten.[12])
Ich gelange zu dem Lande der Horizontbewohner und trete hervor aus dem grossen Thore[13]).
O Genossen (des Sonnengottes auf seiner Fahrt),
gebt mir Eure Hände, denn ich bin einer von Euch."

Hier schliesst der ursprüngliche Text, der in durchsichtiger Weise aber in mythologischer Sprache den Lauf der Sonne während 24 Stunden schildert und den Todten mit ihr (oder „ihren Genossen") identificirt. Es sind dann zahlreiche weitere abgerissene Identificationen namentlich mit Horus angeschlossen, und zum Schluss folgen Anrufungen der Götter zum Schutze gegen die Dämonen, z. B. gegen „jenen Gott geheimnissvoller Bräuche, dessen Augenbrauen die Arme einer Wage sind, am Tage der Vernichtung, wo die Bösen zur Schlachtbank geführt werden". Diese Anrufungen werden dann später immer weiter ausgeführt. Das Hauptmittel zur Abwehr der Dämonen und Ungethüme, der Henker und Krokodile, zur Öffnung der Pforten des Himmels und der Unterwelt, ist, dass man „weiss", dass man „ihre Namen kennt", oder ihnen entgegenhält, man sei Rā, Osiris, Horus u. s. w., man habe die Thaten dieser Götter verrichtet. Dadurch werden sie machtlos; der wissenden, in die Geheimnisse und Zauberformeln eingeweihten Seele können sie nichts anhaben.

Das bekannteste Kapitel des Todtenbuchs ist das 125ste, welches die berühmte „negative Rechtfertigung" der Aegypter enthält. Es ist das einzige Kapitel, welches moralische Forderungen an den Menschen stellt, die aber wieder in der barocksten Weise mit Zauber- und Formelwesen durchsetzt sind. Die zugehörige Abbildung – das ganze Todtenbuch ist illustrirt – zeigt die „Halle der Gerechtigkeit", in die der Verstorbene eintritt, um seine Sündenreinheit zu bekennen und zu bitten zum Osiris „dem guten Wesen, dem Herren des Westreichs" zugelassen zu werden. Zunächst tritt ihm Maat entgegen, die Göttin der Wahrheit mit der Straussenfeder, die ihm Zutritt gewährt; dahinter wird sein Herz das bei der Einbalsamirung in eine Vase gelegt worden ist von Horus und Anubis gewogen: als Gewicht befindet sich auf der einen Wagschale eine kleine Figur der Maat. Tehuti „der Herr der göttlichen Worte" verzeichnet das Ergebniss, gibt dem Todten sein Herz zurück, und gestattet ihm Eintritt zu Osiris, der, halb in Mumiengestalt, in seinem Naos thront und von dem Höllenhund „der die Feinde zerreisst und verschlingt" bewacht wird. Oben thronen die höchst phantastisch gestalteten 42 Todtenrichter; denn für jede Todsünde ist auch ein eigener Richter bestellt.

In dem begleitenden Texte, den der Verstorbene zu sprechen hat, heisst es:

„Seid gegrüsst, Herren der Gerechtigkeit; sei gegrüsst, grosser Gott, Herr der Gerechtigkeit (Osiris)! Ich komme vor dich, mein Herr, zu schauen deine Schönheit. Ich bin ein Wissender, ich kenne deinen Namen, ich kenne die Namen jener 42 Götter, die bei dir sind in der Halle der Gerechtigkeit, die da leben vom bekämpfen der Bösen und ihr Blut trinken am Tage des Abwägens der Worte vor (Osiris) dem Guten Wesen". In diesem Stile geht es fort, und werden noch gar manche Namen und Formeln aufgezählt, die der Todte kennt, gar manche Riten die er beobachtet hat, z. B. die, dass die Sohle seines einen Fusses losgelöst ist, damit er als Reiner die Schwelle überschreiten kann. Man sieht das Hauptgewicht liegt auf dem „Wissen", der Kenntniss der Zauberformeln und Mysterien; das Hersagen des Bekenntnisses ist nebensächlich und auch blosse Formel; die Hauptsache ist, dass bei jedem Bekenntniss der Name des entsprechenden Richters gewusst wird. Hier ein Auszug daraus:

„O Schreiter aus Heliopolis, nicht habe ich gesündigt;
O Mundöffner aus der Kampfstadt, nicht habe ich geraubt;
O Flammenauge aus Letopolis, nicht habe ich betrogen;
O Bluttrinker von der Schlachtstätte, nicht habe ich heiliges Vieh geschlachtet,
O Grosskopf aus dem Tempel, nicht habe ich Mumienbinden gelöst" u. s. w.

Der Todte bekennt ferner, nicht gemordet, betrogen, gelogen, andere weinen gemacht, noch „sein Herz gefressen" d. h. sich in Gram verschlossen zu haben; ferner nicht gehorcht, geplaudert, geflucht, den König, seinen Vater, einen Gott gelästert zu haben. Auch hat er keinen Tempelraub begangen, die Ehe nicht gebrochen, viele (unnütze) Worte über blosse Worte gemacht, seines Gleichen nicht bei seinem Oberen verläumdet, keine Furcht erregt, einen Gott nicht verachtet in seinem Herzen oder für Geld geschädigt. Man sieht, die moralischen Anschauungen der Aegypter waren – das lehren auch zahlreiche Inschriften – hoch entwickelt; nur schade, dass sie unter dem Zauberwesen hier fast erstickt sind.

Ausser dem Todtenbuch gibt es noch zahlreiche andere funeräre Texte, die zum Theil erst in späterer Zeit entstanden sind; so das „Buch von der Wiederbelebung“, das Buch „von der Unterwelt“, in dem der Weg der Sonne durch die zwölf Pforten der Nacht beschrieben wird, und das sich auf dem herrlichen Alabastersarkophag König Seti' I (um 1400) in London befindet; ferner zahlreiche Texte der Königsgräber, namentlich die Lobpreisungen der Sonne. Auch die gewöhnlichen Texte der Todtenstelen gehören hierher, von denen manche sehr schöne und poetische Hymnen an den Sonnengott enthalten. Hier tritt wie die Zauberformel, so auch die Identificirung des Todten mit der Gottheit ganz zurück und wird nur am Schluss erwähnt, während der Haupttext den Ra oder Tum preist „den göttlichen Jüngling, den Spross der Ewigkeit, der sich selbst erzeugt, sich selbst gebiert, den König des Himmels und der Erde.“ „Alle Menschen“, heisst es „jubeln über Deine Strahlen, der Götterkreis lobsingt Deinem Aufgang. Schöner Gott dessen Strahlen glänzen, der Du die Erde durchdringst mit Silberglanz, geschmückter Jüngling, geliebter Herr, grossmächtiger, der nicht ruht, eiligen Wandels, fliegender Schritte.“

Sonst ist uns noch ein Buch erhalten, welches die Ceremonien der Einbalsamirung ausführlich beschreibt, ein anderes, welches von dem Ritual der Bestattung handelt. –

Eine grosse Umgestaltung, wenigstens äusserlich, erfuhr die aegyptische Religion, als durch die thebanischen Könige (seit ca 2200, zwölfte Dynastie) Ammon, der Gott von Theben, zum höchsten Reichsgotte erhoben wurde. In früherer Zeit wird er kaum je erwähnt; und wenn sich auch nicht erweisen lässt, dass er wirklich nur aus priesterlicher Speculation hervorgegangen ist und jener „Gott mit verborgenem Namen“ (amon renef) ist, wodurch das Todtenbuch so oft den wahren Ureinen bezeichnet, so wurde doch sein Name „der Verborgene“ und sein Wesen später immer so gedeutet. Er nahm die Stelle des obersten Gottes ein, welche Ra, Tum, Osiris nicht hatten ausschliesslich erobern können, und als „Ammon-Ra, König der Götter“ ist er fortan der Herr des aegyptischen Pantheons, der die Könige zum Siege führt, dem die grossartigsten Tempel in der neuen Reichshauptstadt errichtet werden, und den Priester und Schriftgelehrte ohne Unterlass preisen. Inschriften wie Papyri haben uns zahlreiche Hymnen zu seinen Ehren erhalten; aus dem berühmtsten und umfangreichsten, der unter der neunzehnten Dynastie geschrieben ist und gegenwärtig im Museum von Bulaq bewahrt wird, mögen einige Proben hier Platz finden.[14]) Der Hymnus ist, wie alle ähnlichen Texte, strophisch gegliedert. Übrigens finden sich alle hier von Ammon ausgesagten Attribute gelegentlich auch von Ra, Tum und Osiris, sowie von Ptah.

„Einziger unter den Göttern,
Schöner Stier im Götterkreise,
Fürst aller Götter.
Herr der Wahrheit, Vater der Götter,
Schöpfer der Menschen, Bildner der Thiere;
Herr der Existenzen, Schöpfer der Fruchtbäume,
Bildner der Kräuter, Ernährer des Viehs;
Göttliches Wesen, gezeugt von Ptah, schöner geliebter Jüngling,
den die Götter verehren;
Schöpfer der Ober- und Unterwelt, Erleuchter der Erde,
der über den Himmel in Frieden fährt...

Heil Dir Ra, Herr der Wahrheit,
dessen Naos verborgen ist, Herr der Götter;
Chepera[15]) in der Sonnenbarke,
auf dessen Befehl die Götter geschaffen wurden;
Tum Schöpfer der Menschen,
der ihre Gestalt bestimmt, ihnen Leben gibt;
der die Farben der Menschen unterscheidet,
auf den Armen hört, wenn er in Noth ist;
sanften Herzens, wenn man zu ihm fleht..."

In ähnlicher Weise wird Ammon-Ra in zahlreichen Texten des Neuen Reichs gepriesen. In den Königsinschriften ist er zugleich der Nationalgott, der dem Herrscher Sieg verleiht und ihm die Feinde unterwirft, an dem Kampfe mit theilnimmt und dafür reiche Siegesbeute erhält. In der Inschrift einer Siegesstele zu Karnak redet er den grossen Eroberer Thutmes III (um 1500 v. Chr.) folgendermassen an:

„Ich komme und lasse Dich (den König) niedertreten die Grossen von Syrien, ich werfe sie unter Deine Füsse hin über ihre

Länder; ich lasse sie schauen Deine Majestät als Herren des Lichts, der da strahlt auf ihr Antlitz als mein Abbild.

Ich komme und lasse Dich niedertreten die Asiaten, gefangen nehmen die Häupter der Völker von Rutennu[16]); ich lasse sie schauen Deine Majestät geziert mit Deinem Schmucke, ergreifend die Waffen, kämpfend auf dem Streitwagen....

Ich komme und lasse Dich niedertreten die Bewohner der Inseln im Herzen des Oceans[17]), sie erliegen Deinem Gebrüll; ich lasse Sie schauen Deine Majestät als Rächer, der strahlend dasteht auf dem Rücken seines Schlachtopfers" u. s. w.

Eine höchst eigenthümliche Reaction gegen den Ammoncultus trat bald nach Thutmes' III Regierung gegen Ende der achtzehnten Dynastie ein. Der König Amonhotep IV erklärte der speculativen Religion seiner Vorgänger offen den Krieg und führte einen reinen Sonnencultus ein. Der Sonnengott wurde indessen nicht mehr unter einem alten Namen verehrt, sondern, um alle übersinnlichen Vorstellungen von vorne herein auszuschliessen, unter dem Namen Aten „die Sonnenscheibe". Demgemäss änderte er auch seinen eigenen Namen in Chuenaten „Abglanz der Sonnenscheibe". Während dem neuen Gotte in Tell el Amarna eine neue prachtvoll geschmückte Residenz erbaut wurde, wurden die alten, vor allem aber Ammon, schonungslos verfolgt, ihre Namen ausgemeisselt, ihre Statuen zerstört. Indessen der neue Cult überlebte seinen Urheber nicht; nach seinem Tode, der lange dauernde Wirren zur Folge hatte, wurden die alten Götter vollkommen rehabilitirt und der Name des Ketzerkönigs aus den Reichsannalen getilgt. Seitdem blieb Ammon bis zum Falle Thebens (um 700) ja bis auf die griechische Zeit der Hauptgott Aegyptens.

Die monotheistisch-pantheistische Lehre war natürlich ein Geheimniss der Priester, das nur den Eingeweihten eröffnet wurde. Die Masse des Volkes war dem fetischistischen Polytheismus nach wie vor ergeben, die Tempel der einzelnen Götter wurden vergrössert, die heiligen Gebräuche immer weiter und fester ausgebildet, und auch die Könige brachten überall den Localgöttern ihre Huldigungen dar. Characteristisch ist, dass gerade in dieser Zeit der böse Gott, Set, namentlich von den Königen eifrig verehrt wurde, um durch seinen Einfluss die Herrschaft über das Ausland, welches ihm ja unterthänig war, zu gewinnen und im Kriege zu siegen. Die Könige tragen kein Bedenken, sich gelegentlich ebensogut seinen Sohn zu nennen, wie den des Ammon, Ra, Ptah u. s. w.

Die Kehrseite der speculativen Vertiefung der aegyptischen Religion war die Ausbildung einer complicirten Magie. So gut wie nach dem Tode liessen sich die Zauberformeln auch während des Lebens anwenden, und je unsinniger sie lauteten, desto besser. Ganz sinnlose Zusammenstellungen von Buchstaben, wie Paparuka, Schahabuta u. s. w. scheinen besonders wirksam gewesen zu sein, da sie sich auch in medicinischen Büchern angewandt finden. Im übrigen muss auch hier die Identificirung mit den Göttern und die Kenntniss der geheimnissvollen Namen herhalten. Wir haben mehrere alte Zauberbücher aus den Zeiten von der neunzehnten Dynastie abwärts, darunter namentlich einen Harrispapyrus[18]), welcher die „vortrefflichen Zauberformeln, welche das Wasser (und die Wasserthiere, namentlich die Krokodile) abwehren", und auf der Rückseite die Formeln gegen die wilden Thiere des Landes enthält. Andere Texte handeln von der Vertreibung der Dämonen, vom Schutze gegen Krankheiten, u. s. w. Dass auch zur Erreichung von anderen Zwecken, z. B. gegen das Leben des Königs u. ä. Zaubermittel in Anwendung gebracht wurden, lehren die Texte. Natürlich wurde die Zauberei in solchen Fällen strenge bestraft; wir besitzen noch die Bruchstücke der Processacten mehrerer Verbrecher aus der Zeit Ramses' III (1200 v. Chr.), an denen wegen ihrer schändlichen Zaubereien „die grosse Todesstrafe vollzogen wurde, von der die heiligen Schriften sagen: so thue es an ihm (dem Verbrecher)".

In der griechischen Zeit theilten die Aegypter mit den Chaldaeern den Ruhm geheimer Weisheit, und galten als gründliche Kenner des Liebeszaubers, der Kunst reich zu werden, und auch das Leben eines Menschen zu gefährden oder wegzuzaubern. In Rom sind deshalb die „Isispriester" mehr als einmal ausgewiesen worden, wozu freilich die vielen Verbrechen, welche sie begingen oder begehen halfen, das ihrige beitrugen. Bis in die christliche Zeit erhielt sich die „geheime Wissenschaft", die gewiss dem alten Aegypter als die höchste aller Wissenschaften galt und auf die Magie des Mittelalters von bedeutendem Einfluss gewesen ist; das Berliner Museum besitzt zwei gnostisch gefärbte Zauberpapyri, die im vierten Jahrhundert n. Chr. in griechischer Sprache geschrieben sind, und unter vielen anderen Sprüchen auch eine „höchst wirksame Zauberformel um sich unsichtbar zu machen" enthalten, die aus Brocken altägyptischer Sprache und Götternamen zusammengesetzt ist. –

Die heilige Literatur der Aegypter ist den weiteren Umwandlungen der Religion und Theologie nicht mehr gefolgt. Mit dem Anfange des Neuen Reichs haben die Priester überall die Entwickelung abgeschlossen, ihren Anschauungen und Culten die endgültige Formulirung gegeben, die sie anderthalb Jahrtausende lang nicht mehr geändert haben. Die späteren religiösen Texte sind durchweg nur noch Abschriften oder Überarbeitungen der früheren. Und wir wissen aus einem Briefe aus der Ramessidenzeit, dass schon damals die alten mystischen Texte für ein Buch mit sieben Siegeln galten, von denen man nichts mehr verstand. „Ein Wall ist davor" sagt der Schreiber „den kein Mensch durchbrechen kann". Indessen mussten sich doch die Anschauungen weiter entwickeln, und wir finden in den Nachrichten der Griechen gar manches, wovon die heiligen Texte keine Spur enthalten, so die Einsetzung eines Todtengerichts, welches zu entscheiden hatte, ob der Verstorbene die „Bestattung im Westreiche" verdiene oder nicht, und namentlich die Lehre von der Seelenwanderung. Die Monumente wissen nichts von derselben; aber dass die Priester zu Herodots Zeiten dieselbe lehrten ist eine Thatsache. Natürlich ist sie eine weitere Ausbildung der alten Lehre von der Identität der menschlichen Seele mit der Gottheit und ihrer Rückkehr zu der letzteren. Bekanntlich gelang es den aegyptischen Priestern sich den Griechen gegenüber im Rufe uraltoffenbarter geheimnissvoller Weisheit zu behaupten. Was die Griechen von ihnen gelernt haben, ist allerdings nicht allzuviel; aber die Priester verstanden, auf die griechischen Fragen in tiefsinniger und reservirter Weise zu antworten, auch wohl ihre Lehren so zu formuliren, wie der griechische Frager sie gerne hören wollte. Allmählich sank die Achtung der Griechen vor der Weisheit Aegyptens; erst in der Zeit, da der Hellenismus schon seinem Untergange entgegenging, in der u. a. Plutarch seine Schrift über Isis und Osiris schrieb, welche zahlreiche Interpretationen der alten Sage durch die hellenisirten aegyptischen Priester und den zum Mysticismus neigenden griechischen Philosophen enthält, gelang es den Aegyptern, auf die Gestaltung der griechischen Philosophie, namentlich des Neuplatonismus, bedeutenden Einfluss zu gewinnen. Dieser Zeit gehören auch jene Schriften an, welche über psychologische und kosmologische Fragen auf den Namen des „Hermes Trismegistos" (des alten Tehuti) verfasst wurden, und die Überreste ägyptischer Weisheit durchsetzt mit griechischen Ideen enthalten. Sie standen nicht nur bei den Griechen, sondern auch bei den Arabern in höchstem Ansehn als urälteste Offenbarungen der Gottheit.

Auch äusserlich hat sich die aegyptische Religion noch wieder umgestaltet. Mit dem Falle von Theben sank auch der Ammoncultus von seiner lange behaupteten Höhe herab. Die Localculte traten jetzt wieder selbständig hervor; und vor allem wurde Memphis noch einmal zum Mittelpunct der nationalen Religion. Hier hatte der Apiscult unter den letzten selbstständigen Pharaonen immer grössere Bedeutung erlangt; und namentlich wandte man seine Verehrung dem verstorbenen, wieder zur Gottheit zurückgekehrten Apis, dem „Osiris=Apis" oder Sarapis zu. Von den Ptolemaeern wurde derselbe in alter Form zum neuen Reichsgott erhoben, und die Theologen erklärten ihn für identisch mit dem griechischen Zeus Hades. Bei den Griechen und auch unter dem aegyptischen Volk wurde sein Cult weit verbreitet; indessen die Priester haben ihn ignorirt; nur in wenigen hieroglyphischen Inschriften wird er erwähnt.

Die Priester beschränkten sich auf die fernere Pflege des alten Cults, der indessen doch nicht vollkommen von fremden Elementen freiblieb; so findet sich das griechische Wort Hades in den Tempelinschriften, und auch die babylonisch=griechische Astrologie wurde zu Anfang der Kaiserzeit adoptirt, freilich sofort für uraltes eigenes Weisthum ausgegeben. Im übrigen waren für die Wände der grossen Tempelbauten, welche die Ptolemaeer und die römischen Kaiser aufführen liessen, namentlich in Karnak Dendera Edfu Esneh Philae, zahlreiche Inschriften zu verfassen. Die religiösen Texte aus der späteren Zeit sind daher äusserst zahlreich und umfangreich, aber sehr monoton. Neue Anschauungen finden sich in ihnen ebensowenig wie historische Nachrichten; dagegen kehren die Anrufungen der jetzt gänzlich unbestimmt gewordenen Lichtgottheiten, namentlich des Horus, der Isis und Hathor, in allen Variationen bis zur äussersten Ermüdung wieder. Daneben theilen uns die Priester viel über das Ritual, die Geheimnisse der Tempel und des Cultus mit, und dadurch haben diese Inschriften für die Kenntniss der ägyptischen Alterthümer hohen Werth. Ihnen verdanken wir z. B. die genaue Kenntniss der uralten Gaueintheilung Aegyptens. Auch längere mythologische Texte finden sich, die sich aber von denen der alten Zeit bedeutend unterscheiden. Die Ereignisse haben hier durchweg einen vollkommen historischen, fast euhemeristischen Character erhalten, und überall sind Bemerkungen eingeflochten, die zur Erklärung der heiligen Gebräuche, der mythischen Namen u. s. w. dienen sollen. So schildert ein Text in Edfu den Kampf des Ra Harmachis, des Königs der Welt, gegen seine Feinde. Der Gott selbst sitzt ganz unthätig in seiner Barke, wie ein ächter ägyptischer Pharao: er bestimmt nur was geschehn soll. Sein Rathgeber ist Tehuti, der handelnde Gott dagegen sein Sohn Hor Hut, der „Horus von Edfu", der zeitweilig von Horus dem Sohne der Isis (und des Osiris) unterstützt wird. Die Götter fahren zusammen aus einem aegyptischen Gau in den anderen, um die „Bösen", die „Rebellischen Feinde", speciell den Set und seine Genossen zu besiegen und zu tödten. Das gibt Gelegenheit, überall die Localsagen anzuknüpfen, über die localen Gebräuche erklärende Bemerkungen zu machen; aber von einem Verständniss für den ursprünglichen Sinn der Sagen ist wenig mehr zu spüren.

3. Die Literatur des alten Reichs von Memphis.

Das Schriftthum ist schon in der ältesten Zeit in Aegypten zu hoher Entwickelung gediehen. Schon in den ältesten Inschriften ist „Schriftgelehrter" ein sehr gewöhnlicher Titel, und unter den Hofbeamten finden wir „Königliche Schreiber", „Geheimsecretaire" „Secretaire für die Bittschriften, die aus dem ganzen Lande an das Herz seiner Majestät gelangen"; ferner einen „Vorsteher des Bücherhauses Seiner Maj." Dieser Titel beweist, dass es in jener Zeit schon eine bedeutende Literatur gegeben haben muss, wenn auch vielleicht Urkunden und Actenstücke den wesentlichen Inhalt des „Bücherhauses“ ausmachten.

Nach den Nachrichten der alten Aegypter, sowohl in den uns erhaltenen Ueberresten ihrer Literatur als in den Berichten der Griechen, sollen gerade unter den ersten Königen wichtige Werke entstanden sein. König Seta oder Athothis, der Nachfolger des Mena, des Gründers des ägyptischen Reichs „verfasste medicinische und anatomische Werke“. Für seine Mutter die Königin Schesch verfertigte man nach einer Mittheilung des Papyros Ebers ein Recept zur Beförderung des Haarwuchses.[19]) Unter dem fünften König Husapti (Usaphais) fand man, wie mehrere Papyros melden, zu Füssen der Anubisstatue im Tempel zu Sechem das „ehrwürdige“ uns noch erhaltene Buch „von der Vertreibung der Schmerzen aus allen Gliedern eines Menschen“. Unter demselben König fand man in einem Loche im Felsen ein Capitel des Todtenbuchs, ein anderes unter König Menkara (Mykerinos) dem Erbauer der dritten Pyramide von Gizeh. Ein anderes medicinisches Werk wurde in mondheller Nacht in der Halle eines Tempels unter König Chufu (Cheops), dem Erbauer der grössten Pyramide, gefunden. Man sieht die Ägypter liebten es, ihre heiligen Schriften in die Zeiten der ersten, später noch vielfach verehrten Herrscher zurückzuführen. Doch mögen viele dieser Fundnotizen historisch sein.

Auch in anderen Wissenschaften als Medicin und Theologie müssen die Aegypter frühzeitig grosse Fortschritte gemacht haben, namentlich in der Mathematik; ohne gewisse mathematische Kenntnisse ist die Ausführung der colossalen Bauten der ältesten Zeiten kaum denkbar. Auch Handbücher der Architectur, Sculptur und Malerei mag es gegeben haben, falls diese Künste nicht ausschliesslich durch mündliche Unterweisung fortgepflanzt wurden. Himmelsbeobachtungen wurden frühzeitig angestellt, und schon in alten Zeiten hat man gefunden, dass das Jahr 365 Tage umfasse. Bald stellte sich indessen heraus, dass sich dies Jahr von 365 Tagen alle vier Jahre um einen Tag gegen das wahre Sonnenjahr verschiebe, welches man durch Beobachtung des Frühaufganges des Sirius „der göttlichen Sothis“ feststellte. Man behielt aber das Wandeljahr bei, um nicht durch Schaltungen Unordnung in den Kalender zu bringen. So entstand die grosse Periode der aegyptischen Geschichte, die Sothisperiode von 1461 Wandeljahren = 1460 festen Jahren, nach deren Ablauf der Siriusstern wieder am Neujahrstage aufging. – Auch sonst haben die Aegypter mannigfache astronomische Beobachtungen gemacht, und Tafeln stündlicher Sternenaufgänge, die indessen ziemlich flüchtig abgefasst sind, sind uns noch mehrfach erhalten. Eine eigentliche wissenschaftliche Astronomie aber haben die Aegypter ebenso wenig gekannt wie eine ausgebildete Astrologie; die Heimath beider ist Babylonien.

Doch ist uns von dieser wissenschaftlichen Literatur wenigstens in der ursprünglichen Fassung nichts erhalten. Dagegen besitzen wir in dem Papyrus Prisse des Louvre ein Werk welches in die ältesten Zeiten hinaufreicht. Die Handschrift selbst ist zu Anfang der zwölften Dynastie (um 2000 v. Chr.) geschrieben und daher weitaus das älteste Manuscript auf Erden; aber das Werk selbst ist noch weit früher verfasst, in einer Zeit die von der des Sophokles und Euripides so weit abliegt wie die letztere von der Gegenwart. Den ersten Theil der Handschrift bilden die Ermahnungen des Kagemna an seinen Sohn. In diesem Werke findet sich die Notiz: „Es starb seine Majestät der König Huni, und der König Snefru wurde erhoben zum guten König über das ganze Land". König Snefru aber ist der erste König von dem uns Denkmäler und Inschriften erhalten sind.

Der zweite Theil des Papyros enthält die „Unterweisungen des Ptahhotep" eines Prinzen der fünften Dynastie. Ptahhotep war alt und gebrechlich, als er sein Werk verfasste. „O Gott Hanhan", beginnt er „Herr des hohen Alters, tritt das Greisenalter ein, so kommt die Kraftlosigkeit und die Schwäche beginnt von neuem. Der Greis liegt da leidend alle Tage. Seine Augen nehmen ab, seine Ohren werden stumpf, die Kraft nutzt sich ab: keine Ruhe mehr im Herzen. Der Mund verstummt, er spricht nicht mehr. Das Herz wird dunkel, es erinnert sich nicht mehr an gestern. Die Gebeine leiden desgleichen.... Das Greisenalter macht den Menschen elend in allen Stücken. Die Nase verschliesst sich, sie riecht nicht mehr. Gleiche Last ist es, zu stehen, und zu sitzen. In der Lage, in der ich bin, was soll da ein anderer Greis machen? Soll ich ihm die Worte derer berichten, welche die Geschichte der früheren Zeiten vernommen haben, welche die Götter selbst gehört haben?“ Der Gott ermahnt ihn, die Greise „in den Worten der Vergangenheit zu unterweisen“, damit sie die Lehren weiter verbreiten können, und so beginnt Ptahhotep jetzt eine Reihe moralischer Betrachtungen und Vorschriften zu geben. Bei dem höchst alterthümlichen Character der Sprache und den knappen Wendungen der Sprüche ist es unmöglich, überall in den Sinn des Werkes einzudringen; den wesentlichen Inhalt zu entziffern ist dem französischen Aegyptologen Chabas gelungen. Ptahhotep gibt Vorschriften über das Leben, über gute Sitte; er ermahnt zur Milde gegen Untergebene, zur Liebe gegen die Frau, zum Studium der Wissenschaften. Wer reich geworden, so dass die Leute ihn kennen wegen seines Reichthums, soll sich nicht überheben und den Nächsten nicht verachten. Charakteristisch aber für die Denkart der alten Aegypter und ihre Neigung zu heiterem Lebensgenuss ist der Spruch: „Lass fröhlich leuchten dein Angesicht solange Du lebst; verliess je ein Mensch den Sargkasten, nachdem er hineingebettet war?“.

Die Inschriften der memphitischen Periode sind mit wenigen Ausnahmen – darunter einige Inschriften aus den Kupferminen der Sinaihalbinsel welche von den dortigen Kämpfen der Pharaonen berichten – durchweg Grabinschriften. Wir lernen aus denselben, dass Aegypten schon in den ältesten Zeiten so vollständig bureaukratisch geordnet war, wie nur irgend ein moderner Staat. An der Spitze der Verwaltung steht der äusserst zahlreiche Hofstaat der Pharaonen, und ihm gehören die prächtigen Gräber an, welche die Pyramiden von Gizeh und Saqqarah umgeben. Die Wandmalereien und Sculpturen enthalten lebendige und vorzüglich ausgeführte Schilderungen des täglichen Lebens. Die Bestellung des Ackers, die Weinlese, der Vogelfang sind dargestellt, ferner Wasserfahrten und Fischfang, Viehzucht und Jagd, dazwischen heitere Scenen aus dem Menschen- und Thierleben, Feste und Gelage, Turnkunststücke und Tänze. Überall sind die Zeichnungen von kurzen erläuternden Inschriften begleitet, zeitweilig auch längere Texte, von denen einer aus einem Grabe von Elkab, freilich erst aus der achtzehnten Dynastie stammend, hier Platz finden mag. Es ist dort unter anderen Ackerbauscenen auch das Dreschen des Kornes dargestellt, welches wie überall im Orient so auch hier durch Ochsen besorgt wird. Daneben steht:

„Drescht ihr für Euch, drescht ihr für euch,
Ihr Ochsen, drescht für euch.
Das Stroh zum Fressen,
das Korn für eure Herren;
auf, gönnt euch keine Ruhe!"

Nicht mit Unrecht hat man diesen Text als einen Ueberrest altägyptischer Volkslieder bezeichnet, von denen uns sonst nichts erhalten ist.

Längere historische Texte, deren es ja aus späterer Zeit so viele gibt, hat uns die älteste Zeit nicht hinterlassen. Der älteste längere Text, der historische Ereignisse berichtet, stammt aus dem Grabe des Una, der vom Pagen und Vorsteher eines Vorrathshauses zum allmächtigen Minister des Königs Pepī avancirte. Dieser König gehört bereits der sechsten Dynastie an, die nicht mehr in Memphis sondern vorwiegend in Abydos und den benachbarten Städten residirte. Bald nach Pepi's Tode bricht die monumentale Ueberlieferung über Aegyptens Schicksale plötzlich ab. Nur mehrere Königsnamen sind uns erhalten, welche der siebenten und den folgenden Dynastien angehören. Wie lange die folgende denkmälerlose Zeit gedauert haben mag, ist uns gänzlich unbekannt. Wie es scheint, war es eine Zeit innerer und äusserer Gährung. Ehrgeizige Prätendenten und feindliche Nachbarvölker scheinen sich um den Thron gestritten zu haben, und auch innerlich hat sich Agypten bedeutend verändert.

4. Die Blüthezeit der altägyptischen Literatur.

Wie uns, zuerst sehr spärlich unter der elften, dann in grosser Masse unter der zwölften Dynastie, die Monumente und Inschriften aufs Neue entgegentreten, steht Theben an der Spitze des Reichs, sein Gott Ammon wird zum Nationalgott erhoben. Gleichzeitig ist die pantheistisch-speculative Religion, der Cultus des Osiris durch ganz Aegypten verbreitet. Die mächtigen Könige der zwölften Dynastie verbreiten ihre Sorge über das ganze Land, pflegen den Ackerbau, reguliren den Nilstrom, verzeichnen die jährliche Höhe der Überschwemmung, einer von ihnen, Amenemhat III, legt den berühmten Moerissee an. Zugleich gelingt ihnen die Unterwerfung Nubiens. Überall im Lande erheben sich Prachtbauten; denn statt wie die memphitischen Könige ihre Hauptsorge auf die Aufthürmung einer gigantischen Pyramide zu verwenden, die ihnen als Ruhestätte dienen soll[20]), zeigen jetzt die Herrscher ihren Glanz in den Tempeln, die sie ihrem Vater Ammon oder anderen Göttern – gewöhnlich ist übrigens der Cult mehrerer Götter in einem Tempel vereinigt – errichten.

Es kann diese Zeit zugleich als die Blüthezeit der ägyptischen Literatur gelten. Freilich sind uns aus dieser Zeit bei weitem nicht so viele Werke erhalten wie aus der Ramessidenzeit, und die meisten derselben nur in späteren Abschriften. Aber schon der Umstand, dass man die Werke dieser alten Zeit später copirte, beweist, in welchem Ansehn sie gestanden haben; und gar leicht mögen noch manche andere Schriften, die wir jetzt der späteren Epoche zuschreiben, lediglich Abschriften oder Überarbeitungen von Werken dieser Zeit gewesen sein. Im übrigen bemerke ich hier nochmals, dass viele dieser Werke dem Verständniss grosse Schwierigkeiten in den Weg legen, nicht nur wegen der knappen, alterthümlichen Sprache, in der sie verfasst sind, sondern auch weil die uns erhaltenen Handschriften in der Regel äusserst lückenhaft und verstümmelt sind.

Zunächst sind zu nennen die „Unterweisungen des Königs Amenemhat I an seinen Sohn Usertesen I“. Amenemhat I, der Begründer der zwölften Dynastie, war einer der trefflichsten Herrscher Aegyptens, und dies kleine an seinen Sohn und Mitregenten gerichtete Werkchen, das wenn es auch nicht vom Könige selbst verfasst sein sollte, jedenfalls aus seiner Zeit stammt, galt daher später für classisch. Von nicht weniger als sechs Handschriften desselben aus der Ramessidenzeit sind uns Bruchstücke erhalten, darunter zwei, die auf Thonscherben geschrieben sind. „Höre auf meine Worte, nun da Du König bist… lass Eintracht walten zwischen Deinen Unterthanen und Dir, damit sie nicht der Furcht sich ergeben. Stehe nicht allein unter ihnen, lass nicht nur Reiche und Vornehme Deine Freunde sein, aber lass Niemanden zu Dir, dessen Freundschaft nicht lange erprobt ist. Suche dein Herz zu kräftigen, denn es gibt keine Diener in Zeiten der Noth". Und jetzt schildert der König kurz seine Thaten; die Kämpfe die er zu bestehn hatte, um die Herrschaft zu behaupten, die heimliche Verschwörung, die ihn überfiel, als er Nachts im Schlaf lag; wie er unerschrocken gegen jeden Feind und jede Gefahr kämpfte, wie er dann Ruhe und Frieden herstellte, für Ackerbau und Wohlstand sorgte „von Elephantine bis zum Delta", den Hungrigen speiste, den Durstigen tränkte, und sich einen grossen Palast baute, mit geheimen Gängen, die nur er selbst kannte.

Aus der Zeit Usertesen' I ist uns eine Lederrolle erhalten, die Bauurkunde des Tempels von Heliopolis, den der König erweiterte. Einer der grossen Obelisken, die er an seinem Eingang errichten liess, ist heute noch erhalten. In der Urkunde wird in poetischer Sprache geschildert, wie der König eine Rathsversammlung beruft, hier seine Abstammung und Macht preist und seinen Willen kundgibt, durch herrliche Bauten zu Ehren der Götter für die Dauer seines Namens zu sorgen. Sofort werden Anstalten getroffen um den Beschluss des Königs zur Ausführung zu bringen.

Weit interessanter noch ist die „Geschichte des Saneha", welche ein berliner Papyrus den zuerst der englische Gelehrte W. Goodwin entziffert hat, uns erhalten hat. Leider ist der Anfang verloren gegangen. Der Verfasser, Saneha, welcher aus unbekannten Ursachen vor Amenemhat I geflohen war, schildert seine Erlebnisse auf der Flucht zu den Nomaden der Sinaihalbinsel. Nachdem er erzählt hat, wie er die starken Grenzbefestigungen im Osten glücklich überschritten, fährt er fort: „Durst überfiel mich auf der Reise, meine Kehle vertrocknete, und ich sprach: das ist der Vorschmack des Todes". Da vernahm ich die süsse Stimme des Viehs, ich erblickte einen Barbaren". Dieser gab ihm Wasser und Milch und geleitete ihn zu seinem Stamme. Der Fürst von Tennu, einem kleinen Staate dieser Gegend, fordert ihn auf zu ihm zu kommen: „Bleibe bei mir, hier kannst Du die Sprache Aegyptens hören". Er befragt ihn über seine Schicksale, über die Macht Amenemhat's, und Saneha preist die Herrlichkeit Aegyptens, den Reichthum, die Tapferkeit, die treffliche Verwaltung des Königs. Lange lebt er am Hofe des Häuptlings von Tennu, kämpft für ihn, und wird mit Land und Vieh, mit Frauen und Sclaven beschenkt. Ein „Tapferer von Tennu" eifersüchtig auf ihn, fordert ihn zum Zweikampfe heraus und wird von ihm erschlagen. Aber Saneha's Herz sehnt sich nach Aegypten zurück; er wird alt und wünscht in seiner Heimath die ewige Ruhe finden zu können. Amenemhat und Usertesen, sein Mitregent, gewähren ihm Verzeihung, wenn er ihnen huldigen will. Sie schreiben ihm, er solle nach Aegypten zurückkehren, reiche Geschenke erhalten, an ihrem Hofe als Rathgeber leben. Saneha kehrt zurück, wirft sich vor dem Könige nieder, unfähig zu sprechen: „Meine Zunge war stumm, meine Glieder ohnmächtig; mein Herz war meinem Körper entflohen, ich wusste nicht ob ich lebte oder todt war. Der König lässt ihn aufheben, redet ihn freundlich an, fordert ihn auf zu sprechen, preist den Ruhm den er gewonnen hat. Er zeigt ihn seiner Gemalin und seinen Kindern, beschenkt ihn reichlich, und „ich lebte in der Gnade des Königs bis an den Tod".

Auch poetische Literatur ist uns aus dieser Zeit erhalten. So eine kleine Novelle, von der zwei Papyrus in Berlin Bruchstücke enthalten. Einem Bauern werden unter der Regierung des uralten Königs Nebkara von einem Beamten seine Esel geraubt. Auf Befehl des Königs weist der Richter die Klage des Bauern zurück, um dadurch seine Wahrhaftigkeit zu prüfen. Mit den Klagen des Bauern über das ihm widerfahrene Unrecht bricht das erhaltene Bruchstück leider ab.

Ein anderer Papyrus enthält „das Lied aus dem Hause des seligen Königs Antef, geschrieben für den Harfenspieler". König Antef ist einer der Herrscher der elften Dynastie; das Lied selbst ist höchst charakteristisch für die Anschauungen der Aegypter. Es erinnert an den Bericht Herodots, dass bei den Festen der reichen Aegypter ein Sarg herumgetragen worden sei mit der Ermahnung, das Leben in Freuden zu geniessen, bis man selbst im Sarge liege. Hier folgen einige Proben des Liedes: „Alles was lebt muss sterben, sagt der Sänger, selbst die Götter[21]) und die Weisen von ehemals ruhen in ihren Gräbern".

„Wer sich ein Haus baut und wer keines hat,
sieh was aus ihnen wird!
Ich habe gehört die Worte des Imhotep und des Hordedef[22]),
es heisst in ihren Sprüchen:

„Was ist die Summe alles Glücks?
Ihre [der Glücklichen] Mauern stürzen ein,
ihre Häuser sind als wären sie nie gewesen".

.....

„Drum sättige Deine Begierden solange du lebst,
Kleide dich in Linnen mit köstlichem Schmuck,
erfülle die Wünsche Deines Herzens...
Der Tag wird auch Dir erscheinen,
wo man Deine Stimme nicht hört,
wo wer im Grabe ruht die Stimme der Trauernden nicht hört.
Klagen befreien Keinen der im Grabe wohnt.
Geniesse in Ruhe,
denn Niemand nimmt seine Güter mit sich fort.
Fürwahr niemand der ins Jenseits geht kehrt zurück".

Ganz ähnlich ist das „Lied des Harfners", welches sich im Grabe des Amonpriesters Neferhotep, der unter der achtzehnten Dynastie lebte, befindet. Es war bestimmt bei den Festversammlungen zu Ehren des Verstorbenen gesungen zu werden. Wegen der Verwandschaft des Stoffes mit dem vorigen Lied lasse ich eine Probe gleich hier folgen:

„Die Menschen gehen von dannen seit den Tagen des Ra,
und die Jungen kommen an ihre Stelle.
Wie Ra wiedererscheint jeden Morgen,
und Tum untergeht am Horizonte[23]),
so zeugen die Männer und die Frauen empfangen,
jede Nase athmet ein den Odem des Morgens,
aber Jeder vom Weibe geborene geht heim in seine Wohnung".

Jetzt redet der Sänger den Verstorbenen an, der vor ihm mit seiner Schwester und Gemalin abgebildet ist, als ob er noch im Leben stände:

„Mach einen Festtag, heiliger Vater,
Hänge Lotuskränze um Deinen Arm und Deine Schwester.
Lass Lied und Musik vor Dich kommen,
verbanne alle bösen Sorgen!
Ergib Dich der Freude, bis der Tag der Wanderschaft kommt,
wenn wir dem Lande nahen, das da liebt das Schweigen".

Leider verbietet der kurze uns zugemessene Raum, den schönen Text, der zum Schlusse zu Gerechtigkeit und Freigebigkeit ermahnt, damit man einen guten Namen hinterlasse, ganz hierher zu setzen. –

Die Grabdenkmäler der zwölften Dynastie geben uns ein lebendiges Bild der Zeit, des Wohlstandes und Fleisses der Aegypter, ihrer zahlreichen Bauten und gewerblichen Arbeiten. Sie preisen die Gerechtigkeit und Wohlthätigkeit der Grossen, sie zeigen aber auch wie die im Frohndienst lebende Masse durch Stockschläge und harte Worte zu fortwährender Arbeit angehalten wird. Ein Werk dieser Zeit, das uns gleichfalls in mehreren Abschriften erhalten ist, der Brief des Daufsechruta an seinen Sohn Pepi, der auf der Hochschule von Chennu (Silsilis) studirte, d. h. vor allem die schwierige Kunst des Schreibens erlernte, gibt uns ein eigenthümliches Bild dieser Zustände. Er schreibt:

„Ich habe die Gewaltthätigkeiten gesehn; drum ergib Dich der Wissenschaft. Ich habe die Arbeiter betrachtet, aber fürwahr nichts geht über die Wissenschaft.“ Denn, so erklärt der Schreiber seinem Sohne, den er an der Laufbahn eines Gelehrten festhalten will, der Gelehrte braucht nicht für sich selbst zu arbeiten, er kann ruhen, während andere ihn ernähren. „Das Schriftthum ist wichtiger als jeder andere Beruf. Wer sich ihm zuwendet, wird geehrt; man entsendet ihn um Aufträge auszuführen. Wer sich ihm nicht zuwendet, bleibt im Elend. Ich habe den Schmied gesehn bei seinen Arbeiten; seine Finger sind runzlig nach Art der Krokodilshaut, er ist stinkender als ein Fischei. … Der Steinmetz sucht Arbeit in allerlei hartem Gestein. Hat er seine Arbeiten beendet, so sind seine Arme ermattet, wenn er ausruht; da er hockend da sitzt von Sonnenaufgang an, so sind seine Arme und sein Rückgrat krumm….. Der Weber im innern des Hauses ist schlechter dran als ein Weib. Seine Kniee sind in der Höhe seines Herzens. Er geniesst nie die frische Luft. Liefert er einen Tag nicht genügend Zeug, so wird er gebunden wie der Lotos im Sumpfe. Er muss dem Thürhüter Brod schenken, um das Tageslicht zu schauen“.

In ähnlicher Weise wird die Noth des Metallarbeiters, des Maurers, des Barbiers, des Schiffers, des Fischers, des Vogelstellers des Wäschers des Waffenschmiedes, des Eilboten u. s. w. geschildert, und das Glück des Schreibers gepriesen. Dann gibt der Schriftsteller seinem Sohne gute Lehren über sein Verhalten, über die Höflichkeit gegen Vorgesetzte und Aeltere. Auch soll er seinen Zorn beherrschen, seine Mutter ehren, und mässig sein. „Wenn du deinen Bauch bezähmst, wird man Dir gehorchen. Wenn Du drei Brode gegessen und zwei Krüge Bier getrunken hast, und noch nicht satt bist, so bezwinge Dich." Besonders wird ihm dann noch Gehorsam und Eifer im Dienst empfohlen.

Für die Beurtheilung dieses Briefes, von dem die spätere Literatur vielfache Nachahmungen enthält, ist zu berücksichtigen, dass die Kenntniss der Schrift, die langjähriges Studium erforderte, den Weg bahnte zu allen höheren Aemtern. Durchweg führen daher die ägyptischen Beamten, Feldherrn, u. s. w. unter ihren vielen Titeln auch den eines „königlichen Schreibers". Es gab daher auch mehrere Hochschulen zur Erlernung der Schriftgelehrsamkeit und der Wissenschaften, ausser der von Chennu (Silsilis) namentlich die von Theben, Memphis, Heliopolis (Fu) und Sais. Im übrigen gibt die Broschüre ein deutliches Bild der damaligen Lage Aegyptens. Die Masse der Bevölkerung, wenn auch materiell besser gestellt, war doch im wesentlichen eben so abhängig, unterdrückt und verachtet wie heute, während sich die „Gelehrten" und neben ihnen die Priester, stolz über dieselben erhoben, eingebildet auf ihre von den Göttern stammenden Kenntnisse und ihre bevorzugte Lage. Auch für sie ist das materielle Wohlergehn die einzige Triebfeder ihrer Studien; und die Folge ist, dass in der geistigen Entwickelung nur zu bald ein Stillstand eintrat. Man strebte nicht, die Kenntnisse zu erweitern, die Wissenschaften zu fördern. Das Hauptgewicht fiel auf die Aeusserlichkeiten, auf die Technik, auf das Erlernen des Ueberlieferten. Die geistige Stagnation war davon die nothwendige Folge.[24]) –

Die Nachfolger der mächtigen Herrscher der zwölften Dynastie konnten Aegypten nicht auf der Höhe der Macht und des Wohlstandes erhalten. Nur wenige vereinzelte Denkmäler haben sich von der dreizehnten Dynastie erhalten. Bald scheinen Thronstreitigkeiten und Angriffe äusserer Feinde das Land zerrissen zu haben, und schliesslich gelang es semitischen Wanderstämmen, den „Hyqsos", d. h. den Hirtenkönigen, Unterägypten zu erobern und die thebanischen Fürsten in Abhängigkeit zu halten. Nach einer wahrscheinlich sehr übertriebenen Angabe sollen sie fünfhundert Jahre über Aegypten geherrscht haben, bis es den thebanischen Herrschern, namentlich Aahmes I, dem Begründer der achtzehnten Dynastie, gelang, ganz Aegypten von der Fremdherrschaft zu befreien (um 1600-1500 v. Chr.).

In diesen Zeiten der Noth scheint das Aegypterthum vollständig zum Abschluss gekommen zu sein. Vollkommen starr und unbeweglich treten uns im Neuen Reich die staatlichen, die literarischen, und wie wir schon gesehen haben die religiösen Anschauungen der Aegypter entgegen. In der Zeit von der dreizehnten bis zur siebzehnten Dynastie wird die Redaction der Todtenbuchtexte so gut wie völlig abgeschlossen, haben die religiösen Formeln die stereotype Gestalt erhalten, die sie seitdem bewahrt haben, und auch die kanonische Literatur scheint in dieser Zeit zum Abschluss gekommen zu sein. Der gelehrte Kirchenvater Clemens von Alexandria berichtet uns, die Aegypter hätten 42 kanonische Bücher gehabt, als deren Verfasser der Gott Hermes Trismegistos, d. h. der grosse Tehuti „der Herr des göttlichen Wortes“ galt, und die daher als „hermetische Bücher“ bezeichnet werden. Sechsunddreissig derselben bezogen sich auf den Cultus, das Opferritual, die theologischen und kosmogonischen Geheimlehren, die heilige Geographie. Sie enthielten auch die Hymnen an die Götter welche bei den Festen vorgetragen wurden, ferner die Gesetzbücher, die Vorschriften über das Leben der Könige – bekanntlich standen die Könige wenigstens in der späteren Zeit völlig unter Aufsicht der Priester, die ihnen vorschrieben, was sie jede Stunde zu thun und zu lassen hatten, obwohl auch hier die schönen Lehren der Theorie wohl kaum je völlig praktisch durchgeführt waren[25]). Sechs Bücher endlich enthielten die medicinischen Lehren, Diagnosen, Recepte u. s. w., denn auch der ärztliche Beruf wurde von einer Classe der Priester ausgeübt. Eins dieser hermetischen Bücher, das Werk „von den Arzeneimitteln“ ist uns wahrscheinlich in dem grossen medicinischen Papyros Ebers erhalten.

Dieser Papyros, der zweitgrösste von allen, und ganz vollständig erhalten, besteht aus einer grossen Rolle von 108 paginirten Seiten, deren jede 21-22 Zeilen umfasst, und ist im schönsten hieratisch geschrieben. Durch ein astronomisches Datum steht fest, dass er in einem der Jahre 1553-1550 v. Chr. geschrieben ist. Leider aber ist der daneben angegebene Königsname bis jetzt unbekannt, und da die ägyptische Chronologie dieser Zeit noch höchst schwankend ist, lässt sich nicht sagen, ob er in die Zeit vor die achtzehnte Dynastie, d. h. in das Ende der Hyqsoszeit, oder in das Ende der achtzehnten Dynastie gehört. Doch ist das erstere wohl wahrscheinlicher. Im übrigen ist der Papyros in Unterägypten geschrieben.

Das Werk ist ein Sammelwerk, und besteht fast durchweg aus uralten Tractaten, zum Theil aus den ältesten Zeiten des ägyptischen Reichs, wie dies die alterthümliche Sprache und gelegentliche Erwähnungen beweisen. Unter den aufgenommenen Stücken befinden sich das schon erwähnte Haarmittel der Königin Schesch, ferner „andere Recepte für die Augen, nach der Angabe eines Phöniciers aus Byblos", eine culturgeschichtlich höchst wichtige Bemerkung, das uralte Buch „von der Heilung der Schmerzen", u. ä. Der einzige Abschnitt bei dem der Verfasser mit Namen genannt ist, ist „das Geheimbuch des Arztes, die Wissenschaft vom Gange des Herzens, und die Wissenschaft vom Herzen", welches von dem priesterlichen Arzte Nebsecht stammt. Das Herz, behauptet dieser, sei „der Knotenpunct aller Gefässe des ganzen Körpers". Wohin man den Finger lege, auf den Kopf, auf den Hinterkopf, auf die Hände, auf die Beine, immer treffe man das Herz. Natürlich ist damit das Pulsiren des Blutes gemeint. Es werden nun weiter die vom Herzen ausgehenden Gefässe in den einzelnen Körpertheilen aufgezählt und nachgewiesen, dass das Herz auch der Sitz der seelischen Zustände, wie Kummer, Zorn, Ekel u. s. w. sei, wobei der Sprachgebrauch als Beleg angeführt wird. Den Aegyptern galt nämlich seit den ältesten Zeiten das Herz als Sitz der Seele; man sagt „mein Herz ist voll" d. h. ich freue mich; „mein Herz ist ruhend" d. h. „ich habe Ruhe" u. s. w. Daher spielt auch das Herz in den mystischen und magischen Texten eine so grosse Rolle.

Der Papyrus beginnt:

„Anfang des Buchs vom Bereiten der Arzeneien für alle Körpertheile eines Patienten. Hervorgegangen bin ich [das Buch] aus Heliopolis mit den Grossen der Tempelhalle, den Herren des Schutzes. Hervorgegangen bin ich aus Sais mit den Göttlichen Müttern, die mir ihren Schutz verleihen. Ich habe Sprüche vom Herrn des Alls um zu beseitigen die Leiden jedes Gottes und jedes Sterblichen." Jetzt folgen Anrufungen der Götter und magische Sprüche, wobei auf die Heilung des Horus und Set von den Wunden ihres Zweikampfes angespielt wird. Dann „beginnt das Buch von den Arzeneien".

Es werden nun die einzelnen Krankheiten aufgezählt, manchmal mit Diagnosen. Bei jeder steht das Recept, mit Angabe der Gewichtstheile der einzelnen Ingredienzien und der Art der Bereitung des Heilmittels. Sehr umfangreich ist namentlich die Behandlung der Augenkrankheiten – die Aegypter waren ja als Augenärzte weitberühmt. Auch Mittel gegen Ungeziefer, Schönheitsmittel, Recepte zur Bereitung von Räucherwerk und von Mundpillen fehlen nicht. Ferner z. B. „Vorschrift um [das Schiksal] eines Kindes am Tage seiner Geburt zu erkennen: wenn es ni sagt, bleibt es leben, wenn es aber bu sagt, stirbt es". Auch fehlen natürlich gelegentlich Zauberformeln nicht. So lautet eine Beschwörung, die ein Brechmittel wirksam machen soll: „O Dämon, der du wohnst im Leibe von N. N. Sohn der N. N., Du, dessen Vater heisst der Kopfabhauer, dessen Namen Tod ist, dessen Name Mann des Todes ist, dessen Name Verwünschter ist in Ewigkeit".[26]) In anderen Fällen werden auch, wie in den magischen Büchern, ganz sinnlose Buchstabenverbindungen als Beschwörung verwandt.

An den Papyrus Ebers schliessen sich mehrere andere medicinische Werke an, namentlich ein Berliner Papyrus, der gleichfalls aus sehr alten Bestandtheilen zusammengesetzt ist. Fortentwickelt hat sich eben in Aegypten die Wissenschaft garnicht, höchstens dass man noch einige neue Zauberformeln entdecken mochte. „Die Aerzte", berichtet Diodor „behandeln die Patienten nach den schriftlichen Vorschriften, welche von vielen angesehenen Aerzten der alten Zeit zusammengestellt sind. Wenn sie nun einen Patienten nach den Regeln des heiligen Buches behandeln und ihn nicht retten können, so sind sie von jeder Schuld frei; wenn sie aber gegen die vorgeschriebenen Regeln handeln, so können sie auf den Tod verklagt werden. Denn der Gesetzgeber nahm an, dass nur sehr selten Jemand mehr Einsicht haben werde als die lange Zeit hindurch angewandte und von den kundigsten Männern zusammengestellte Ordnung". Dabei konnte natürlich von einer weiteren Entwickelung der Wissenschaft keine Rede mehr sein.

Ungefähr gleichzeitig mit dem Papyros Ebers unter der Regierung eines Hyqsoskönigs ist „nach älteren Vorlagen" ein mathematisches Handbuch geschrieben, welches das British Museum bewahrt. Es enthält arithmetische Aufgaben, namentlich aus der Bruchrechnung, dann die Berechnung von Flächen und Körpern, namentlich der Pyramide und der wichtigsten Hohlmaasse, und praktische Aufgaben. Rechenfehler finden sich mehrfach. Theoretische Betrachtungen kommen in demselben nicht vor; dieselben lagen überhaupt den Aegyptern, die sich nie über die praktischen Erfordernisse des Lebens erhoben, ganz fern. Wenn die Griechen von den Aegyptern überhaupt etwas in der Mathematik lernten, wie späte Schriftsteller behaupten, so können es nur die allerersten Anfangsgründe gewesen sein. Mehr haben sie sich von den medicinischen Kenntnissen der Aegypter angeeignet, die ja auch bedeutend höher entwickelt waren: unter den Schriften die dem Hippokrates zugeschrieben werden, finden sich fast wörtliche Übertragungen ägyptischer Recepte. Ebenso lernte Eudoxos in Aegypten die (wenigstens approximativ) richtige Länge des Sonnenjahrs. Auf praktischem Gebiete haben eben, um hier noch einmal die Summe der ägyptischen Weisheit zu ziehn, die Aegypter zum Theil sehr Bedeutendes geleistet, bis sie durch ihren Conservatismus, durch Priesterherrschaft und Zauberwesen, zu Grunde gingen: aber von den Fesseln der Materie und des Wortes haben sie sich – trotz ihrer scheinbar rein geistigen, in Wirklichkeit durchaus materiellen Theologie – nie befreien können.

5. Die Literatur des Neuen Reichs.

Die Zeit nach der Vertreibung der Hyqsos ist, äusserlich betrachtet wenigstens, die Blüthezeit des aegyptischen Reichs. Ununterbrochene siegreiche Kämpfe in Syrien und Aethiopien, prächtige Tempelbauten in Aegypten und Nubien, eine unendliche Anzahl privater Monumente bezeichnen die Herrschaft der achtzehnten und neunzehnten Dynastie, der Amenhotep und Tehutmes, des Seti I und Ramses II, denen sich als letzter grosser Pharao Ramses III, der Begründer der zwanzigsten Dynastie (Rhampsinit der Griechen, um 1200 v. Chr.) anschliesst. Zahllos wie die Monumente, die historischen, religiösen, Weih- und Grabinschriften sind auch die Papyrus, welche uns aus dieser Zeit erhalten sind. Da finden sich Tagebücher, gelegentliche Aufzeichnungen von Beamten, Rechnungen, Bittschriften, Karten von Landschaften, Baupläne, u. ä., ferner zahlreiche Processacten. Dann Briefe, die sich zum Theil noch versiegelt, oder in die Mumienbinden des Empfängers eingewickelt gefunden haben, und von allen Ereignissen und Sorgen des täglichen Lebens, von Hunden und Pferden, von Sclaven und Bauten, von der Gesundheit der angehörigen berichten; ferner amtliche Berichte, namentlich über Inspectionsreisen – denn wie schon gesagt Aegypten war vollkommen bureaukratisch geordnet und jeder Beamte wurde controlirt, was natürlich nicht ausschliesst, dass Uebergriffe der höheren Beamten, Bestechungen u. ä. sehr gewöhnlich waren. Ferner ein grosses Verzeichniss der reichen Gaben, welche König Ramses III allen Göttern und Tempeln Aegyptens schenkte, und in dem er zum Schluss von seinen und seines Vaters Setnecht Thaten erzählt. Dieser Papyrus, der grosse Harrispapyros des British Museums, ist die umfangreichste aller ägyptischen Handschriften, und wie der Papyros Ebers völlig unversehrt. Nimmt man nun noch die zahlreichen Todtentexte, und die wie schon erwähnt unerschöpfliche Menge der Inschriften, Grabstelen u. s. w. hinzu, so sieht man, dass sich von dem Leben und Treiben dieser Zeit ein so anschauliches Bild gewinnen lässt, wie nur von den wenigsten Epochen der alten Geschichte.

Auch die Literatur blühte in dieser Zeit. Wenn man bedenkt, wieviele glückliche Zufälle dazu gehören, dass sich überhaupt ein Papyros aus jener fernen Zeit über dreitausend Jahre lang bis auf uns erhält, und wie selten gerade ein literarisches Werk in einem Grabe, unter Mumienbinden, oder in einer hohlen Statue bewahrt sein oder sonst der Zerstörung entgangen sein wird, und dann sieht wie viel uns doch noch erhalten ist, so erkennt man, dass in jener Zeit vielleicht ebenso viel geschrieben ist, wie in der des Xenophon und Plato[27]). Allerdings ihrem Werthe nach kommt diese Literatur der altägyptischen kaum gleich. Die Wissenschaften haben wie schon erwähnt, so weit wir wenigstens bis jetzt urtheilen können, keine weiteren Forschritte gemacht; nur in der Magie, über die uns aus dieser und der folgenden Zeit zahlreiche Werke vorliegen, kam man entschieden vorwärts.

Ob die Aegypter eine eigentliche historische Literatur gehabt haben, ist mindestens sehr zweifelhaft. Die Könige trugen bei ihren Lebzeiten selber Sorge, durch ihre pomphaften Inschriften ihre Thaten der Mit- und Nachwelt zu verkünden, und im übrigen genügte für praktische Zwecke die Aufzeichnung einer Regentenliste vollkommen. Dass es vollständige Verzeichnisse mit Angabe der Regierungszahlen gab, ist sicher; sehr fraglich aber ob dieselben sich unverfälscht erhielten, und namentlich ob die Summirungen der Regierungszahlen, welche diese Listen gaben, genau waren, vor allem in den Fällen, in welchen mehrere Fürsten in den verschiedenen Theilen des Landes zu gleicher Zeit geherrscht haben. Gelang es doch selbst in der Ptolemaeerzeit nur schwer, eine genau richtige Königsliste aufzustellen. Denn eine feste Jahrrechnung, welche als Grundlage der Chronologie hätte dienen können, kannten die Aegypter nicht; man datirte lediglich nach den Regierungsjahren der Könige. – Im übrigen wurde die Geschichte des Landes schon früh mit der Zeit der Heroen und Götter verknüpft und wie es scheint auch zum Theil nach cyklischen Zahlen (Sothisperioden) geordnet.

Bruchstücke der vollständigen Liste der Götter- und Königsherrschaften mit Angabe der Regierungszahlen und Jahrsummen bis auf den Anfang des Neuen Reichs hinab sind uns in dem berühmten Turiner Königspapyrus erhalten. Nur ist derselbe leider so unrettbar zerstört – er ist in weit über hundert kleine Bruchstücke zerfallen – dass er zur Herstellung der ägyptischen Chronologie fast garnicht zu verwenden ist. Ein ähnliches Werk hat offenbar später der Priester Manetho zur Herstellung seiner griechisch geschriebenen ägyptischen Geschichte benutzt, und auch dem Hekataeos, Herodot und Eratosthenes theilten die Priester von Memphis und Theben lange Königslisten mit. Bruchstücke geschichtlicher Erzählung enthält dagegen nur ein einziges Werk, der Papyrus Sallier I des British Museum, und auch dies ist kein Geschichtsbuch, sondern eine populär gehaltene halb sagenhafte Erzählung, ein Volksbuch. Es behandelt das wichtigste Ereigniss der ägyptischen Geschichte, die Vertreibung der Hyqsos. Es wird erzählt wie der Hyqsoskönig Apepi mächtig im Delta herrschte, während Oberägypten nur einen „Fürsten" Rasqenen hatte, wie König Apepi allein dem Gotte Sutech (Set) diente und ihm Feste feierte als wäre er Ra Harmachis; wie er dann eine Botschaft schickte an den Gebieter des Südlandes und die Abtretung einer Viehquelle verlangte, wie Fürst Rasqenen rathlos war und die Grossen und Krieger seines Landes zur Berathung berief. Leider bricht hier das werthvolle Document mitten im Satze ab.

Von der poetischen Literatur des Neuen Reichs sind bedeutende Ueberreste erhalten. Zunächst die zahlreichen Hymnen an die Götter, von denen schon Proben mitgetheilt sind. Dann ähnliche Hymnen zum Preise des Königs, der ja selbst ein Gott, die Incarnation und „das Abbild seines Vaters Ra" war. So heisst es in einem Lobgesang:

„Deine Strahlen dringen in die Höhlen,
kein Ort ist leer Deiner Güte.
Deine Worte sind das Gesetz jedes Landes.
Wenn Du in Deinem Palaste ruhst
hörst Du die Worte des ganzen Landes,
Du hast Millionen von Ohren,
dein Auge glänzt heller als die Sterne des Himmels,
Es vermag zu schauen in den Sonnendiscus.
Wenn ein Wort in der Höhle gesprochen wird,
dringt es zu Deinen Ohren.
Was im Geheimen gethan wird, Dein Auge sieht es,
O König Mernephthah, gnädiger Herr, Schöpfer des Odems".

Besonders berühmt war das Gedicht, welches die Thaten König Ramses' II im Kriege mit den Chetitern, dem mächtigsten Stamme Syriens, schildert und mehrfach auf Tempelwänden und in Handschriften uns erhalten ist. Als Schreiber und vielleicht Verfasser desselben nennen die Papyri den auch sonst bekannten Schreiber Pentaur. Es wird geschildert, wie die Völker Asiens sich gegen Aegypten verbünden, wie der Pharao gegen sie zieht mit seinen Völkern, sich unter sie stürzt auf seinem Streitwagen gleichwie sein Vater Month der Kriegsgott, gleichwie Baal in der Stunde des Schreckens. Seine Völker verlassen ihn, er ist allein im dichtesten Handgemenge.

„Kein Fürst war bei mir, kein General, kein Führer der Bogenschützen oder der Streitwagen. Meine Soldaten haben mich verlassen, meine Ritter sind vor ihnen entwichen, und keiner blieb bei mir um zu kämpfen." Da sprach Seine Majestät: „Wo bist Du, mein Vater Ammon? Vergisst ein Vater seines Sohnes? Habe ich irgend etwas vollbracht ohne Dich? ... Ich habe Deine Gebote nicht verletzt. ... Was sind denn vor Dir diese Asiaten? Ammon entkräftet die Frevler. Habe ich Dir nicht unzählige Opfer gespendet? Ich füllte Deine heilige Stätte mit meinen Gefangenen, ich baute Dir einen Tempel für Millionen von Jahren, ich spendete Dir alle meine Habe für Deine Scheuern..." Der König klagt wie er allein sei unter der Masse der feindlichen Völker, wie keiner der Seinen auf seinen Ruf höre „Ich aber denke, Ammon ist mehr als eine Million Krieger, als Hunderttausend Reiter, als eine Myriade von Brüdern und jungen Söhnen". „Der Ruf ist bis gen Hermonthis gedrungen, Ammon kommt herbei auf meine Anrufung, er reicht mir die Hand. Ich breche in einen Freudenschrei aus, er spricht hinter mir: Ich eile zu Dir König Ramses, ich bin mit Dir. Ich bin es, Dein Vater, meine Hand ist mit Dir, ich bin Dir mehr als Hunderttausende". Der König wird aus der Gefahr befreit, die Feinde weichen entsetzt zurück; „sie sprechen unter einander: Das ist kein Mensch, das ist Sutech der Gewaltige, das ist Baal selber". Die Schlacht wird gewonnen, der König beruft seine Krieger um ihnen ihre Feigheit vorzuwerfen und seine Thaten zu preisen.

Das Gedicht des Pentaur ist vielleicht unter allen Überresten altägyptischer Literatur das beste. Es ist tief empfunden, in schwungvoller, echt poetischer Weise vorgetragen und ausgezeichnet durch seine anschauliche lebendige Darstellungsweise. Von den gewöhnlichen überladenen und bombastischen Texten namentlich der Königsinschriften hebt es sich höchst vortheilhaft ab.

Die erzählende Literatur scheint bei den Aegyptern sehr ausgebildet gewesen zu sein; wir werden später noch einen demotischen Roman zu besprechen haben. Aus der Ramessidenzeit besitzen wir die Überreste zweier Liebesromane, von denen der eine im „Blumengarten" spielt, und zwei Märchen. Das eine, die „Geschichte vom verwunschenen Prinzen" ist leider nur fragmentarisch erhalten und erzählt die Erlebnisse eines Prinzen, dem die Hathoren bei der Geburt geweissagt hatten, er werde durch ein Krokodil, eine Schlange, oder einen Hund sterben. Das andere ist die Geschichte von den beiden Brüdern, geschrieben von dem Schreiber Anna „dem Herren der Schriftrollen" für den „Vorsteher des Silberhauses des Pharao" Kagabu und einstmals Eigenthum des Prinzen Seti II. Es ist in dem Papyrus D'Orbiney enthalten und nicht nur als das älteste erhaltene Märchen sondern auch als Vorbild zu der Geschichte von Joseph und der Frau des Potiphar von höchstem Interesse. Es ist in einem höchst einfachen und anmuthigen Märchentone geschrieben.

„Es waren einmal zwei Brüder von Einer Mutter und Einem Vater. Anepu hiess der ältere, Batau der jüngere. Anepu hatte ein Haus und ein Weib, und sein jüngerer Bruder lebte bei ihm wie sein Sohn". Er arbeitete für Anepu auf dem Felde und pflegte das Vieh; er verstand die Sprache der Thiere und sie gediehen unter seiner Pflege. Und die Frau des Anepu bewunderte seine Stärke und sie lockte ihn an sich „Komm lass uns eine frohe Stunde machen". Aber er wies ihr Ansinnen mit Abscheu zurück: „Bist Du mir nicht wie eine Mutter, und ist dein Mann nicht wie ein Vater?" Er kehrt aufs Feld zurück, aber das Weib verklagt sich bei ihrem Manne, er habe ihr Gewalt anthun wollen. Anepu will seinen Bruder tödten, aber dieser wird von der Leitkuh gewarnt und flieht. Anepu verfolgt ihn; als er ihn eingeholt hat, schafft Ra Harmachis auf Batau's Bitten einen See zwischen beiden voll von Krokodilen. Batau beschwört seine Unschuld, erzählt den Hergang und sagt, er wolle jetzt auf den Berg der Ceder gehn, sich sein Herz ausschneiden und es in die Blüthe der Ceder legen. Wenn Anepu einen Krug Bier in der Hand halte und dieses von selbst aufschäume, dann solle er ihm zu Hülfe eilen. Anepu geht nach Hause, tödtet sein falsches Weib und wirft ihr Fleisch den Hunden vor; Batau geht auf den Berg der Ceder und thut wie er gesagt. Seine weiteren Schicksale, wie die grossen Götter ihm begegnen und um ihn in seiner Einsamkeit zu trösten, für ihn ein schönes Weib bilden, wie eine Locke derselben vom

Meer nach Aegypten geführt wird und die Kleider des Pharao, die gerade gewaschen werden, mit Wohlgeruch erfüllen; wie der Pharao das schöne Weib holen und auf ihr Anrathen die Ceder umhauen lässt, in der Batau's Herz liegt; wie Batau todt hinsinkt, aber Anepu, bei dem das Bier plötzlich aufschäumt, ihm zu Hülfe eilt und ihn wiederbelebt; wie er sich dann in einen heiligen Stier verwandelt und an den Hof des Pharao bringen lässt, dort dem treulosen Weib, die jetzt Königin ist, zu erkennen gibt und auf deren Befehl geschlachtet wird; wie er dann sich in einen Perseabaum verwandelt und schliesslich als dieser auf den Wunsch der Königin umgehauen wird, ein Blatt desselben ihr in den Mund fliegt und Batau als ihr Sohn wiedergeboren wird, nach dem Tode des alten Pharao König wird und das treulose Weib hinrichten lässt – das alles kann hier nur kurz angedeutet werden.

Die eigentliche Lieblingsform ägyptischer Belletristik in der Ramessidenzeit aber war der Brief. Wir haben zahlreiche Briefe, welche nicht über geschäftliche Dinge handeln, sondern offenbar Broschüren in Briefform sind. Meistens sind es grössere Sammlungen, in denen häufig auch dieselben Stücke wiederkehren. Der beliebteste Gegenstand ist das Lob des Schreiber- und Gelehrtenberufs, und die Ermahnung des Lehrers an den Schüler zum eifrigen Studium. Dies ist auch der Gegenstand der wie es scheint besonders beliebten Briefe des „Oberbibliothekars" Amenemapet an Pentaur den uns schon bekannten Schreiber und Dichter, und an den Schreiber Penbesa: „Man sagt mir, dass du die Gelehrsamkeit vernachlässigst, dass du der Wissenschaft entläufst so schnell wie die Pferde; dass du von Gasse zu Gasse läufst um Bier zu trinken". Es werden Ermahnungen gegeben, sich nicht dem Trunke, den Vergnügungen zu ergeben, fleissig zu sein, es werden die Vortheile der Gelehrtenlaufbahn aus einander gesetzt. Auch mit dem Stocke wird gedroht. „Sei dein Arm immer mit dem Schreiben beschäftigt; gönne Dir keinen Tag Ruhe, sonst wird man Dich schlagen." Ein ander mal heisst es: „Du bist vor mir wie ein Esel, den man jeden Tag durchbläut; du bist vor mir wie ein Neger, den man als Tribut wegführt. Man lehrt den Geier sein Nest bauen und den Sperber fliegen: ich werde aus Dir einen Menschen machen. Merk dirs wohl". Namentlich bemühen sich die Schreiber, vor der militärischen Carrière abzuschrecken, die in jenen Zeiten fortwährender Kämpfe und Siege gar manchen anlocken mochte: „Warum sagst Du, ein Officier der Infanterie sei glücklicher als ein Schreiber? Ich will Dir sein Schicksal ausmalen, den Umfang seines Elends. Man nimmt ihn schon als Kind und sperrt ihn in eine Kaserne" er wird überall verwundet „kurz er wird geschlagen wie eine Papyrusrolle". „Komm, lass Dir von seinen Märschen nach Syrien erzählen, von den Kriegszügen in ferne Länder. Sein Brod und Wasser muss er auf der Schulter tragen wie die Bürde eines Esels, seine Glieder werden krumm, er trinkt verdorbenes Wasser… Kommt er an den Feind, so ist er wie eine zitternde Gans, denn er hat keine Kraft mehr in allen seinen Gliedern… Wird er krank, so führt man ihn auf einem Esel mit; seine Kleider stehlen ihm die Diebe, seine Diener laufen ihm davon".

Daneben enthalten die Briefsammlungen Hymnen namentlich an Tehuti, den Patron der Schreiber, Lobpreisungen des Königs, Schilderungen von Bauten und Städten. Eine derselben, deren Zusammenhang leider sehr unklar ist, enthält auch die Skizze einer Reise (oder Beschreibung?) nach Syrien und Palaestina. Daneben sind auch Briefe über private Angelegenheiten in grosser Masse aufgenommen, wie es scheint als Muster, nach denen man Briefe zu verfassen habe, oder als Proben eines guten Stils. Ausserst förmlich sind immer die Adressen. Nachdem die Titel des Angeredeten aufgezählt sind, werden die Götter für sein Wohlergehn angerufen, Gesundheit und langes Leben für ihn erfleht, wohl auch die grosse Freude des Schreibenden über einen Brief, den er vom Adressaten empfangen hatte, geschildert. Enthielt dieser Aufträge oder Anfragen, so werden dieselben wiederholt und dann folgt die Beantwortung. Im übrigen geht man ganz unvermittelt oder nur mit den Worten „ein anderes" von einem Gegenstande zum andern über. Von dem Inhalt derartiger Briefe mag der folgende ein Beispiel geben:

„Ich habe von Deiner Nachricht Kenntniss genommen die Du betreffs des Polizisten Nechtset gibst: „Der Polizist Nechtset ist von der Schwindsucht befallen, er ist schwach wie Holz, er ist wie ein Mensch den Ra geschlagen hat". Wenn es Ammon gefällt mich am Leben zu erhalten, dass ich nach dem Süden reisen kann, werde ich diesen Menschen mitnehmen, mich mit Dir verständigen, sehn was sich mit ihm machen lässt, und man wird es thun. Betreffs des Auftrags den Du mir gibst betreffs Deiner verstorbenen Mutter, nämlich: „man gebe den Wagen, den sie bei ihren Ausfahrten benutzte, meiner Schwester, die seit einem Jahre Wittwe ist", so werde ich, wenn ich hin komme, sehen was sich thun lässt, und werde es für sie thun" u. s. w.

Offenbar sind die meisten dieser Briefe nicht für praktische Zwecke geschrieben, sondern Stilübungen und Broschüren. Einige sind vielleicht auch in den Schulen dictirt worden, und es mag auch daher stammen, dass manche derselben uns in mehreren Handschriften vorliegen.

Betreffs der Sprache namentlich der Briefliteratur ist noch zu bemerken, dass sie nicht nur sehr geziert ist, sondern die Schreiber sich namentlich bemühen möglichst viel Fremdwörter aufzunehmen, und zwar aus dem Syrischen, das ja in Folge der fortwährenden Kriege den Aegyptern gut bekannt sein musste. Für die gewöhnlichsten Wörter werden mit Vorliebe die semitischen Ausdrücke gebraucht, für Pferd und Wagen, Haus und Mauer, Heer und Krieger. Es dient auch dies zur Charakteristik der äusserlich reichhaltigen und eleganten, aber innerlich ziemlich gehaltlosen Literatur dieser Zeit.

6. Der Untergang der ägyptischen Literatur.

Ramses III ist der letzte ägyptische König, der die volle Macht des Reichs entfaltet hat. Unter seinen unthätigen Nachfolgern sinkt sie mehr und mehr, innere Wirren schwächen das Reich völlig, und schliesslich wird es im achten und siebenten Jahrhundert eine Beute der assyrischen und aethiopischen Eroberer, die sich um dasselbe bekämpfen. Dem Fürsten Psammetich von Sais, dem Begründer der sechsundzwanzigsten Dynastie, gelingt es noch einmal die Unabhängigkeit Aegyptens herzustellen. Doch seine Nachfolger erliegen den Persern. Wie dann Aegypten immer aufs Neue sich gegen die Perser empörte, aber immer wieder unterlag, bis es in Alexander dem Grossen seinen Befreier begrüssen konnte, wie es dann dem schlauen Lagiden Ptolemaeos gelang, in Aegypten ein eigenes griechisches Reich zu stiften, wie dieses nach hoher Blüthe schliesslich die Beute der Römer wurde, braucht ja hier nicht weiter ausgeführt zu werden.

Ein sicherer Gradmesser für die Macht Aegyptens in einer bestimmten Epoche ist die Pracht und Zahl der Monumente. Wenn nun dieselben in der Zeit des Verfalls auch nicht so spärlich werden wie zur Hyqsoszeit oder gar zur Zeit der siebenten bis elften Dynastie, so sind sie doch im Verhältniss zur Ramessidenzeit auffallend wenige; literarische Werke, die dieser Epoche angehören, haben wir – abgesehn von magischen Texten – garnicht. Selbst aus der sechsundzwanzigsten Dynastie ist uns verhältnissmässig recht wenig erhalten, wobei allerdings in Betracht zu ziehn ist, dass Psammetich und seine Nachfolger in Memphis, das jetzt, wo Theben verfallen, ja theilweise von den Assyrern zerstört war, wieder wie zu Anfang der ägyptischen Geschichte Reichshauptstadt wurde, und in Sais residirten. Diese Städte aber haben – abgesehn von den Todtenstädten von Memphis – fast gar keine Denkmäler hinterlassen. Der Sand der Wüste bedeckte hier nicht wie in Oberägypten schützend die Prachtbauten; auf dem weichen Boden des Delta sanken sie in Trümmer, die Steine wurden verschleppt, kaum ist die Stätte der alten Riesenstädte wiederzufinden. Im übrigen lassen die Inschriften und Denkmäler der Renaissancezeit der sechsundzwanzigsten Dynastie deutlich erkennen, wie man sich bemühte, das Alte in reiner Form wiederherzustellen, längst erstarrten Formen der Kunst, des Denkens, der Sprache neues Leben zu geben; etwas Neues zu schaffen war man nicht mehr im Stande.

Im langen Verlauf der ägyptischen Geschichte hatte sich die Sprache bedeutend verändert. In den Inschriften, namentlich in den religiösen und Todtentexten, suchte man freilich immer die alte „heilige" Sprache festzuhalten und bemühte sich zu schreiben wie man etwa unter der zwölften Dynastie gesprochen hatte. Aber die profane Literatur folgte den Umwandlungen der Volkssprache; die Sprache der Papyri aus der Ramessidenzeit weicht daher von der der älteren Werke ganz bedeutend ab. Natürlich veränderte sich die Sprache auch ferner; aber auch die Schrift wurde durch fortwährende tachygraphische Abkürzungen bedeutend umgestaltet. So entstand in den Zeiten des Verfalls die „demotische" d. h. Volkssprache und -schrift. Zunächst wurde sie nur für Zwecke des täglichen Lebens verwendet, während man in Inschriften und Literaturwerken die heilige Schrift und die alten Sprachformen beibehielt. Erst allmählich wurde die demotische Sprache allgemeiner angewandt, und in der Ptolemaeerzeit gilt sie als Volkssprache Aegyptens, wird in Inschriften, Contracten und Actenstücken neben dem Griechischen verwendet. Nur in heiligen Texten bleibt die alte kaum mehr verstandene Sprache und die jetzt oft wunderlich umgestaltete und zu Spielereien benutzte Schrift allein herrschend, und die Decrete der Priester zu Ehren der Könige werden dreisprachig abgefasst: hieroglyphisch, demotisch und griechisch. So das Dekret von Canopus vom Jahre 238, in dem der König Ptolemaeos III Euergetes den Versuch macht, das (später julianisch genannte) Jahr von 365 ¼ Tagen in Aegypten einzuführen, und das Decret von Rosette zu Ehren des Ptolemaeos V Epiphanes (197 v. Chr.), welches bekanntlich der Ausgangspunct zur Entzifferung der Hieroglyphen gewesen ist.

Die uns erhaltenen demotischen Texte sind äusserst zahlreich: Briefe, Contracte (so mehrfach auch Ehecontracte, namentlich aber Kaufcontracte), Protocolle, Gerichtsacten, Bittschriften, amtliche Berichte, ferner Denksteine und Todtentexte. Da nun mindestens ebenso zahlreiche griechische Documente auf Papyrus, Steinen und Thonscherben hinzukommen, so sind wir im Stande, von dem Leben der Aegypter in der Ptolemaeer- und Römerzeit, von der Verwaltung des Landes, von den herrschenden Anschauungen oft bis in die kleinsten Details ein lebendiges Bild zu gewinnen in noch weit höherem Grade als von der Ramessidenzeit.

In später Zeit hat man sogar die heiligen Todtentexte ins Demotische übertragen; ausserdem aber sind uns mehrere literarische Werke erhalten. Wir haben die Fragmente einer Chronik, welche die Zeiten der Perserherrschaft schildert. Ein anderer Papyros enthält moralische Vorschriften[28]); z. B.: „Mache keinen Frevler zu Deinem Gefährten; handle nicht nach dem Rathe eines Thoren; misshandle keinen Untergebenen und achte Deine Vorgesetzten; fluche Deinem Herren nicht; rette Dein Leben nicht durch Aufopferung eines andern" u. s. w. Ferner Thierfabeln,

z. B. die vom Löwen, der eine Maus gefangen hat und auf ihre Bitten laufen lässt, und dann von ihr aus dem Netze des Jägers befreit wird. Man hat geglaubt, hier das Vorbild der aesopischen Fabeln der Griechen zu finden; wahrscheinlich dürfte indessen umgekehrt eine Entlehnung aus dem Griechischen vorliegen. Verwandt sind übrigens zwei Papyrus (in London und Turin) mit humoristischen Zeichnungen, deren Alter sich mit Sicherheit nicht feststellen lässt. Hier sind Thiere mit menschlichen Beschäftigungen dargestellt, und zwar durchweg mit solchen, die nicht zu ihrem Character passen. Der Esel sitzt mit dem Löwen beim Brettspiel, die Katze hütet die Gänse, Hasen kämpfen auf den Mauern einer Festung, der Fuchs sitzt als König auf einem von Wölfen gezogenen Wagen und schiesst mit dem Bogen. Das Schwein sitzt auf dem Aste eines Obstbaums, auf den der Adler auf einer Leiter hinaufklettert, der Esel rasirt einem Hunde den Kopf (nach bekannter orientalischer Sitte), der Hase macht sich in der Küche zu thun, genug wir haben hier eine Art von „Münchener Bilderbogen".

Auch ein demotischer Roman ist uns, grösstentheils wenigstens, erhalten „die Geschichte des Setnau Chamus und des Ptahneferka". Er spielt in der Zeit der Ramessiden, aber die Residenz der Könige ist, den späteren Anschauungen entsprechend, Memphis. Der Inhalt dreht sich vorwiegend um Zauberei und Liebesabenteuer. Dem Ptahneferka gelingt es, sich des grossen Buches „welches Tehuti mit eigener Hand geschrieben hat" und durch welches man Himmel Erde und Unterwelt, Berge und Meere beschwören und die Mysterien der Götterwelt sehen kann, zu gewinnen. Es ist in Koptos in einer goldenen Kiste verwahrt, die in einer silbernen steht; diese steht in einer elfenbeinernen u. s. w. Eine Schlange beschützt es, die zu tödten Ptahneferka gelingt; zuerst wird sie immer wieder lebendig, aber als er sie in zwei Stücke zerschlägt und Sand zwischen die beiden Theile streut, bleibt sie todt. Mit Ptahneferka's Geschichte sind die Abenteuer des Prinzen Setnau verbunden. Namentlich wird erzählt, wie er sich in eine vornehme Dame verliebt, die ihm auf der Strasse begegnet. Diese verspricht ihm ein Rendezvous, weiss ihm sein ganzes Vermögen zu entlocken, lässt ihn seine eigenen Kinder tödten, und als sie sich ihm ergeben will, erwacht Setnau plötzlich allein. Es erweist sich alles als Zauber des Ptahneferka.

Der Schluss der Geschichte ist nicht völlig verständlich, da uns der Anfang derselben, auf den hier Rücksicht genommen wird, verloren ist. –

Durch die Eroberung Alexanders war das Griechische die officielle Sprache des Landes geworden, und für die vornehmeren Stände wurde die Erlernung desselben unumgänglich. Auch kamen die Aegypter den Griechen entgegen und suchten ihre Aufmerksamkeit auf die Geschichte und Weisheit ihres Landes zu lenken. Schon um 280 v. Chr. stellte der Priester Manetho die Geschichte seines Landes aus den alten Königslisten, aus Chroniken und Sagen in drei griechisch geschriebenen Büchern zusammen. Indessen die Ptolemaeer verhielten sich den Aegyptern gegenüber sehr exclusiv; sie stützten ihr Regiment ausschliesslich auf die Griechen und Makedoner, die Aegypter blieben von allen höheren Verwaltungsstellen ausgeschlossen. Im übrigen wurde natürlich die ganze bureaukratische Verwaltung und auch der theologische Apparat, welcher die Könige zu göttlicher Würde erhob, von den Ptolemaeern adoptirt. Mehrfach haben sich die Aegypter noch wieder gegen die Fremdherrschaft empört, ja längere Zeit hindurch herrschten noch einmal – es war zum letzten Mal – einheimische Pharaonen in Theben (um 200 v. Chr.). Indessen die Aufstände wurden niedergeworfen und die Hellenisirung des Landes griff mehr und mehr um sich. Zwar behauptete sich die alte Religion und die hieroglyphischen Inschriften der Tempel nennen die Namen der römischen Kaiser bis tief ins dritte Jahrhundert n. Chr. hinein, aber die Kennniss der heiligen Sprache und Literatur schwand mehr und mehr; die Wohnungen und Schulen der Priester und Schriftgelehrten von Heliopolis waren schon zu Strabo's Zeiten (20 n. Chr.) verödet; die uralten heiligen Städte, Heliopolis, Abydos, Theben, sanken zu kleinen Dörfern herab; in Inschriften und Urkunden wird die griechische Sprache immer mehr die herrschende, und in der römischen Kaiserzeit begegnen uns auch griechische Schriftsteller rein ägyptischer Abstammung. Die ägyptische Nationalität wäre jetzt schon zu Grunde gegangen, wenn sie nicht durch das Christenthum einen neuen Halt gewonnen hätte.

Die Verkünder des Christenthums wandten sich überall an die unteren Classen der Bevölkerung. Sie predigten daher vorwiegend in der einheimischen Sprache, übersetzten die heiligen Schriften in dieselbe und schufen den Völkern des Orients neue nationale Literaturen. Überall geht daher hier mit dem Siege des Christenthums die griechische Sprache und Cultur zu Grunde. So auch in Aegypten. Man benutzte aber jetzt zur Aufzeichnung der Bibelübersetzung nicht mehr die alte Schrift, sondern das wenig modificirte griechische Alphabet. Indem man sich zugleich der Volkssprache bediente, die sich im Vergleich zum Demotischen wieder bedeutend verändert hatte, entstand so die Sprache und Literatur, welche man als koptisch (verstümmelt aus aegyptisch) bezeichnet.

Ein Theil der Aegypter hielt starr an der alten Religion fest; ein anderer wandte sich begeistert der neuen zu. Sie wurde von den Aegyptern mit demselben Fanatismus, mit derselben Vorliebe für spitzfindige Untersuchungen und theologische Speculationen, mit derselben materialistischen Phantasie aufgefasst wie die alte. Aegypten ist bekanntlich Heimath des Mönchswesens; hier wurden die erbitterten Kämpfe um Dogmen und Definitionen geführt; hier entwickelte sich zuerst der Fanatismus christlicher Priester im Kampfe gegen Andersgläubige und Ketzer.

Mit der Zerstörung des Sarapeums von Alexandria und seiner colossalen Sarapisstatue durch den Bischof Theophilos im Jahre 389 endet die Geschichte des alten Aegyptens. Die Reste der Heiden flüchteten in die Wüste und in die Ruinenstädte, wo sie sich noch Jahrhunderte lang behaupteten. Die Kopten aber sind nie zu nationaler Selbständigkeit gelangt. In Folge der Annahme monophysitischer Lehren zerfielen sie mit dem Hofe von Constantinopel, und nahmen die Araber, als sie unter Amr an der Grenze Aegyptens erschienen um den Islam über die Welt zu verbreiten, mit offenen Armen auf, um bald in ihnen noch härtere Herren zu finden als die Byzantiner gewesen waren. Sie haben eine umfangreiche theologische Literatur hinterlassen; aber allmählich ist ihre Anzahl sehr zusammengeschmolzen und ihre Sprache durch die arabische völlig verdrängt worden. Nur zu Gebeten und gottesdienstlichen Formeln wird der Ausläufer des Idioms, welches zuerst von allen Sprachen der Erde durch die Schrift fixirt worden ist, von den entarteten Nachkommen der Pyramidenerbauer gegenwärtig noch verwendet.

Geschichte der babylonisch-assyrischen Literatur.

1. Einleitung

In dem Tieflande des Euphrat und Tigris, da, wo sich diese beiden mächtigen Ströme bis auf wenige Meilen einander nähern und durch viele natürliche und künstliche Canäle mit einander verbunden dem Meere zuströmen, wohnte in den ältesten Zeiten die der Geschichtsforschung zugänglich sind, ein merkwürdiges Culturvolk. Mit Keinem der benachbarten Völker, den Arabern, Syrern, Persern, ist es verwandt[29]); und auch mit den Stämmen der nordasiatischen Steppen, den Türken und Finnen, hat man eine nähere Verbindung für dasselbe zwar behauptet, aber nicht bewiesen. Es selbst nannte sein Land Sumer – es ist dies das alttestamentliche Sinear, – seine Sprache sumerisch; und statt einen der verwirrenden und unzutreffenden Namen, die man ihm in neuerer Zeit wohl gegeben hat, wie Protochaldaeer, Kuschiten u. ä., anzuwenden, wollen auch wir den einheimischen Namen Sumerier für dasselbe beibehalten[30]).

Die Sumerier haben eine bedeutende Cultur entwickelt. Nicht nur ihre staatlichen und religiösen Anschauungen sind höchst ausgebildet, sie sind auch seit den ältesten Zeiten im Besitze einer Schrift. Dieselbe ist wie die ägyptische, ursprünglich eine Hieroglyphenschrift. So schreibt man das Wort <u>an</u> „Stern" und „Himmel" und ebenso das Wort <u>dingir</u> „Gott" mit dem Stern, den Fisch <u>ha</u> mit dem Bilde des Fisches, das Haus mit der Figur eines Hauses.[31])

Indessen das Material was man zum Schreiben zu verwenden hatte, war eigenthümlicher Art. Der Boden Babyloniens besteht aus Wüstensand und Schwemmland, während Gesteine ihm gänzlich fehlten. Man konnte daher als Baumaterial, wo man nicht Holz verwandte, nur Ziegelsteine anwenden; und während die Aegypter in dem harten Granit ihrer Bauten die Bilder ihrer Hieroglyphenschrift möglichst sorgfältig und naturgetreu auszuführen suchten, wurden dieselben auf den Backsteinen Babyloniens immer mehr zu blossen Strichen, die das ursprüngliche Bild nicht mehr erkennen liessen. Auch Papier oder ein Aequivalent desselben (wie z. B. Pergament) erfand man in Babylonien nicht; man konnte daher auch für die Aufzeichnung von Actenstücken und literarischen Werken lediglich Backsteine verwenden. Eine schlanke, abgerundete Cursivschrift, wie das Hieratische der Aegypter, konnte sich daher hier nicht entwikkeln. Die Schrift behielt durchweg einen monumentalen, steifen Character; sie musste mit dem eisernen Griffel in den weichen Ziegel eingekratzt werden. In der Regel wurden die als Schreibmaterial verwandten Ziegel nach der Auftragung der Schrift gebrannt, um dadurch ein Zerbrechen zu verhindern und die Schrift zu conserviren.

Die Striche, mit denen man die hieroglyphischen Bilder darzustellen sich bemühte, sind meist geradlienig, und an dem Ende wo der Griffel mit starkem Druck eingesetzt wurde, dick, an dem anderen spitz verlaufend; sie tragen die Gestalt von Keilen, und man hat daher diese Schriftgattung als Keilschrift bezeichnet. Alle Zeichen lösten sich in Gruppen von Keilen auf. Zuerst suchte man das ursprüngliche Bild noch zu bewahren; man schrieb den Stern ✳, den Fisch ; bald indessen wurden daraus durch Abkürzung die später allein verwandten Zeichen: für den Stern, für den Fisch.

Im übrigen sind die Gesetze der Keilschrift denen der ägyptischen Hieroglyphen ganz analog. Auch hier haben wir polyphone Sylbenzeichen und Ideogramme[32]), daneben phonetische Complemente; nur reine Buchstabenzeichen, wie die ägyptische Schrift sie verwendet, haben die Sumerier nicht gebildet.

Die Sumerier besassen eine umfangreiche Literatur. Wir haben in ihrer Sprache Gesetzessammlungen, astronomische und astrologische Werke, religiöse Hymnen und mythische Erzählungen. Auch kann es keinem Zweifel unterliegen, dass die gesammte assyrisch-babylonische Kunst auf sie zurückgeht. Im südlichen Babylonien hatten sie zahlreiche Städte gegründet, unter denen namentlich Ur, das „Ur der Chaldaeer" des Alten Testaments, Erech (Orchoe, Warka) und Larsa als Königssitze hervortreten.

Den Trümmern dieser Städte, die übrigens bis jetzt nur noch wenig untersucht sind, verdanken wir die Namen der ältesten babylonischen Könige, die vor und um 2000 v. Chr. geherrscht haben mögen. Indessen ihre Entwickelung wurde durchbrochen durch das Eindringen eines fremden Volksstammes. Das fremde Volk, die Chaldaeer, war semitischen Stammes, nahe verwandt den Arabern, den Syrern, Kanaanäern und Hebraeern. Ursprünglich war es wahrscheinlich ein Nomadenvolk; jetzt setzte es sich in Nordbabylonien, im Lande Akkad, fest, und adoptirte die gesammte Cultur der Sumerier, mit denen es allmählich, politisch wenigstens, zu einer Nation verschmolz. So entstand das spätere babylonische Volksthum.

Auch die Schrift der Sumerier nahmen die semitischen Eindringlinge an, und zwar in ungefähr derselben Weise, wie die Japanesen die chinesische Schrift. Einmal nämlich benutzte man die Sylbenzeichen auch zur Schreibung der semitischen Wörter, die Ideogramme zum Ausdruck der Begriffe; dann aber nahm man auch ganze Zeichengruppen aus dem Sumerischen herüber, um dadurch das entsprechende semitische Wort (gewissermassen ideographisch) auszudrücken, während die Zeichen phonetisch ganz anders lauteten. So schrieb man für „Mund" das sumerische Wort ka, las aber pû, für „Königsherrschaft" namsidu und las sarrutu. Dazu kam nun dass die Ideogramme auch phonetisch verwandt werden konnten, wie im aegyptischen. Dann hatten sie jetzt nicht nur den Silbenwerth des sumerischen sondern auch des entsprechenden semitischen Wortes, so dass 𒀭 „Gott" „Himmel" jetzt nicht nur sumerisch an und dingirra, sondern auch semitisch ilu[33]), „Gott" und samê „Himmel", 𒄩 „Fisch" nicht nur ha, sondern auch nunu gelesen wird. Einigermassen half man sich aus dieser Verwirrung durch die Hinzufügung phonetischer Complemente d. h. um anzudeuten, dass man in einem bestimmten Falle das Zeichen 𒀭 nicht an oder ilu, sondern samê zu lesen habe, setzte man noch das Zeichen ê dahinter: 𒀭𒂊, u. ä. Dennoch bleibt das Schriftsystem immer ein höchst complicirtes und ist, zumal da die Zeichen sich ausserordentlich schwer dem Gedächtniss einprägen weit schwieriger zu erlernen als die ägyptische Schrift.

Man empfand daher schon in sehr früher Zeit das Bedürfniss nach Hülfsmitteln zur leichteren Erlernung derselben, und legte daher grosse Verzeichnisse an, in denen die Zeichen auf der einen Seite nach ihrem phonetischen, auf der anderen nach ihrem ideographischen Werthe erklärt wurden, ferner nach der Bedeutung geordnete Verzeichnisse der sumerischen und der ihnen entsprechenden semitischen Wörter mit Beifügung der Ideogramme, schliesslich auch grammatische Tabellen, in denen auf der einen Seite die sumerischen Formen, auf der anderen die entsprechenden semitischen stehn[34]). Von diesen sogenannten „Syllabaren" hat sich in der Bibliothek des Königs Assurbanipal zu Niniveh ein grosser Theil erhalten. Ohne dies unschätzbare und noch lange nicht vollständig ausgebeutete Hülfsmittel der Entzifferung wäre unsere Kenntniss der assyrisch-babylonischen Sprache und Literatur vielleicht nie so weit vorgeschritten, wie sie es gegenwärtig bereits ist.

Die Semiten, welche sich in Babylon „der Pforte des (Gottes) Il" am Euphrat ihre Hauptstadt gründeten, vereinigten allmählich das ganze Tiefland des Euphrat und Tigris zu einem Staate, der im wesentlichen nach dem Vorbilde der alten sumerischen Staaten geordnet war. Sie adoptirten die Rechtssatzungen und staatlichen Einrichtungen derselben ohne viel neues hinzuzufügen; auch die Religion des alten Culturvolks nahmen sie im wesentlichen an, nur dass sie einige Götternamen durch andere ersetzten und von ihren semitischen Anschauungen manches in dieselbe übertrugen. Die gesammte heilige und profane Literatur wurde übersetzt, und in den Städten Sippara und Borsippa bei Babylon sowie in dem alten sumerischen Erech entstanden grosse Priesterschulen, welche namentlich die Himmelsbeobachtungen mit Eifer betrieben und bis weit in die griechische Zeit hinein in Blüthe standen. Ob hier auch selbständiges geleistet und eine neue Literatur geschaffen wurde, darüber lässt sich bis jetzt ein endgültiges Urtheil noch nicht fällen; aller Wahrscheinlichkeit nach begnügte man sich mit der Uebertragung und Fortbildung der alten sumerischen Schriften und Lehren.

Von Babylonien aus breiteten sich die Semiten längs des Tigris nach Norden aus. Hier entstanden (etwa zwischen 2000 und 1500 v. Chr.) zunächst an der Grenze der mesopotamischen Wüste, an der westlichen Seite des Tigris, die Städte Assur, benannt nach dem Gotte Assur „dem Gnädigen“[35]) und Singar. Später verschob sich der Schwerpunct auf das östliche Tigrisufer und in die Abhänge des eranischen Hochgebirges. Hier entstanden die Städte Arbela „die Viergötterstadt“, Kalach, und vor allem Niniveh, die mächtige Hauptstadt des späteren Weltreichs, von ihren Herrschern mit starken Mauern und herrlichen Palästen geschmückt. Seinen Namen aber entlehnte Land und Volk von der ältesten Hauptstadt Assur; ihr Gott wurde zugleich der Nationalgott, und da das Volk kriegerisch war und sich bald mehr und mehr der Eroberung zuwandte, nahm auch Assur „der grosse Herr, der König über die Gesammtheit der grossen Götter“ vollständig den Character eines Kriegsgottes an.

Frühzeitig begannen die assyrischen Fürsten ihre Macht nach Westen und nach Süden hin auszudehnen. Tukulti-Ninip I um 1275 war der erste, der Babylonien unterwarf und dort einen Statthalter einsetzte, Tiglat-Pileser I um 1125 unterwarf Nordsyrien und das östliche Kleinasien. Unter den Nachfolgern des letzteren sank die Macht des Reiches bis zum Sturze des alten Königshauses um 1000 v. Chr. Tukulti-Ninip II (889-883) begann die Eroberungen in Babylonien, Armenien und Syrien aufs neue, und unter seinen Nachfolgern wuchs die Macht des Reiches und in gleichem Maasse der Glanz der Hauptstädte Kalach und Niniveh. Die ruhmreichsten Herrscher entstammten der neuen Dynastie, die mit Sargon, dem Eroberer Samaria's, im Jahre 721 den Thron bestieg. Sargon (721-704) und seine Nachfolger Sanherib (704-680), Assarhaddon (680-667) und Assurbanipal (der griechische Sardanapal 667 - ca 635) dehnten das assyrische Reich über den grössten Theil Vorderasiens aus. Babylonien, Susiana, Armenien wurden trotz fortwährender Empörungen in Abhängigkeit erhalten, ein Theil Mediens und Erans erobert, Syrien und das östliche Kleinasien unterworfen. Doch nach Assurbanipals Tode brach das gewaltige Reich plötzlich zusammen. Die unterworfenen Völker empörten sich, die rebellischen Fürsten Uwakhschatra (Kyaxares) von Medien und Nabopolassar von Babylon vereinigten ihre Heere zum Angriff auf die Hauptstadt. Nach langem Kampfe wurden Niniveh und das damit verbundene Kalach erstürmt und dem Erdboden gleichgemacht. Der Name der Assyrer verschwindet seitdem aus der Geschichte[36]).

Die Sieger theilten das eroberte Land unter sich; dem Mederkönig fielen die nördlichen und östlichen Länder zu, dem Babylonier Mesopotamien und Syrien. Unter Nabopolassars Sohn Nebukadnezar, dem Eroberer Jerusalems (604-561), erhob sich Babylon auf kurze Zeit zu neuem Glanze. Doch bald stürzte Kyros der Perser das medische Reich (558) und begann die Eroberung ganz Vorderasiens. Im Jahre 538 fiel Babylon nach langer Gegenwehr in seine Hände und wurde seitdem eine der Residenzen der persischen Grosskönige. Es hat sich noch mehrfach gegen dieselben empört, ohne doch die Fremdherrschaft dauernd abschütteln zu können. Die Perserkönige liessen die Stadt, ihre Mauern und Tempel, absichtlich verfallen um sie dadurch zu schwächen; Alexander wollte sie in vollem Glanze wiederherstellen und hatte sie zu seiner Residenz ersehn. Doch seine Nachfolger in der Herrschaft über Asien, die Seleukiden, erkannten wohl die Gefahr, welche die Herstellung der uralten gigantischen Stadt der Herrschaft der Griechen bringen würde und beschlossen sie auf friedlichem Wege unschädlich zu machen. Seleukos I gründete (um 310) am Tigris eine neue ganz griechisch organisirte Weltstadt Seleukia, in welche er die Bevölkerung Babylons hinüberzuziehn suchte, um sie dem griechischen Städteleben und der griechischen Herrschaft zu gewinnen. So verödete Babylon mehr und mehr; zwar blieben die alten Priesterschulen noch lange bestehn, und bis ins erste Jahrhundert n. Chr. hinein finden sich Thontäfelchen mit Keilschrift, Protocolle und Kaufcontracte enthaltend, in den Schutthaufen Babylons; aber allmählich verfiel die Stadt vollkommen und schliesslich standen nur noch ein Paar elende Dörfer an ihrer Stelle. Die Bauten verfielen, die Steine wurden verschleppt; und obwohl die Stadt nie von Feindeshand zerstört worden ist, ist doch keine einzige grössere Ruine von ihr erhalten. Nur gewaltige Schutthaufen voll von Gebäudetrümmern und beschriebenen Thontafeln bedecken die Fundamente der einstmals glänzendsten Stadt von Asien.

Auch die babylonische Sprache und Nationalität ist gänzlich zu Grunde gegangen. Zwar das Griechenthum vermochte sich in den Euphrat- und Tigrisländern nicht zu behaupten: seitdem dieselben von den Arsakiden erobert worden waren (130 v. Chr.)

ist der Hellenismus hier allmählich vollständig verschwunden. Aber auch die alte Nationalität war durch die langjährige Fremdherrschaft vernichtet; neue Volksstämme, zunächst die Syrer, dann die Araber traten an ihre Stelle. Unter den Sassaniden bildeten die Syrer die Masse der Bevökerung; durch die mohammedanische Eroberung wurde die arabische Sprache und Nationalität die herrschende, und bis auf wenige unbedeutende Reste ist jetzt auch die syrische Sprache vom Boden Babyloniens verschwunden[37]). –

Die babylonisch assyrische Cultur hat ihren Einfluss weit über die Grenzen ihres Heimathlandes hinaus ausgedehnt. Die Religionen und Sagen der Perser, der Syrer, der Juden sind von hier aus wesentlich beeinflusst, Astrologie und Sterndienst und nicht minder manche Lehren der Magie haben in Babylon ihre Heimath. Die Babylonischen Maasse und Gewichte und ihre auf dem Sexagesimalsystem beruhende Eintheilung wurden in ganz Vorderasien sowie in Griechenland herrschend, und wenn wir noch heute den Kreis in dreihundert und sechzig Grade, die Stunde in 60 Minuten, die Minute in 60 Secunden theilen, so beruht dies lediglich darauf, dass die Babylonier allen ihren Maasseintheilungen die Zahl 60 zu Grunde legten. Die babylonisch-assyrische Kunst drang nach Syrien und Phönikien, wo sie mit der ägyptischen verschmolz, die Perser bauten und bildeten ganz nach assyrischem Vorbild; auch alle Monumente Kleinasiens, die der vorgriechischen Zeit angehören, zeigen den assyrischen Stil. Von hier kam die Kunst nach Griechenland: die ältesten griechischen Sculpturen und Malereien lehnen sich ganz an die assyrischen Vorbilder an, und auch die Gegenstände, die Darstellung von Löwen, Greifen und anderen mythischen Wesen, zeigen deutlich die Entlehnung. Erst allmählich gelang es der griechischen Kunst, eine freiere Behandlung zu ermöglichen, namentlich in der Darstellung des Gesichtes und des Haares die traditionellen steifen Formen zu beleben und durchweg der Natur selbst zu folgen.

Auch die Keilschrift, so unbehülflich sie war, ist weit verbreitet gewesen. Die Armenier, Meder, und Elymaeer (Bewohner von Susa) haben sie – mit geringen Modificationen – zur Schreibung ihrer Sprache verwandt. Auch die Perser entlehnten den Typus ihrer Schrift den Babyloniern, gestalteten dieselbe aber wesentlich um, indem sie alle zusammengesetzten Silbenzeichen, Ideogramme u. s. w. wegwarfen und so ein sehr einfaches Alphabet gewannen, das nur noch wenige Spuren seines complicirten Ursprungs bewahrt hat. Nach dem Sturze des Perserreichs ist auch diese Schrift nicht mehr verwandt worden; man schrieb seitdem das Persische mit einem dem Syrischen entlehnten Buchstaben, und seit der Eroberung durch die Mohammedaner wird es bekanntlich mit arabischen Zeichen geschrieben.

In ihren Inschriften bedienen sich die Perserkönige der drei Hauptsprachen ihres Reichs, des Persischen, Medischen und Babylonischen. In den Ruinen von Persepolis, an der grossen Felswand von Behistun, in Van und sonst haben sich diese dreisprachigen Inschriften erhalten. Die Entzifferung der persischen Inschriften war seit dem Anfang dieses Jahrhunderts dem Scharfsinn von Grotefend, Lassen, E. Burnouf und ihren Nachfolgern gelungen. Dadurch hatte man ein Mittel auch die weit complicirtere Schrift der beiden anderen Keilschrifttexte zu enträthseln. Wie dies in Bezug auf das Babylonisch-Assyrische seit etwa 1850 Männern wie Sir Henry Rawlinson, Hincks, J. Oppert u. a. gelungen ist, wie man allmählich den zusammengesetzten Character der Schrift, die Aufnahme sumerischer Worte und Zeichengruppen in den semitischen Text, den Character der sumerischen Sprache selbst erkannt hat, kann hier nicht weiter ausgeführt werden. Gegenwärtig ist die Entzifferung im wesentlichen vollendet, aber das vorhandene Material ist noch lange nicht im ganzen Umfange durchforscht und ausgebeutet, und dabei bringen Ausgrabungen und zufällige Funde fast täglich neues oft unendlich wichtiges Material. Die Assyriologie ist daher noch lange nicht so weit vorgeschritten wie die Aegyptologie, es ist ihr noch nicht in demselben Grade wie der letzteren möglich, von dem Leben, der Geschichte und Cultur der Völker mit denen sie sich beschäftigt, ein vollständiges Bild zu entwerfen. Dabei ist noch zu erwägen, dass sie bei weitem die jüngere der beiden Wissenschaften ist.

Systematische Ausgrabungen sind bis jetzt mit Erfolg eigentlich nur in Niniveh und Kalach vorgenommen worden, und hier haben Botta, Layard, Smith nicht nur zwölf Königspaläste, zahlreiche Inschriften auf Cylindern, Obelisken, Thontafeln u. ä., sondern auch die Bibliothek des Königs Assurbanipal entdeckt. Von den mehr als zehntausend Thontafeln, welche dieselbe enthielt, ist bereits ein grosser Theil – meist freilich in arg beschädigtem Zustande – ans Tageslicht befördert und wird gegenwärtig im British Museum bewahrt. Dieser Bibliothek verdanken wir alles, was wir bis jetzt von der assyrisch-babylonischen Literatur wissen. Es sind aber die Thontafeln durchweg Copien theils von historischen Documenten, theils von alten Übersetzungen der sumerischen Literatur – auch Abschriften der sumerischen Originale sind uns erhalten; dazu kommen dann noch die schon erwähnten Syllabare und grammatischen Tafeln. Es lässt sich also mit ziemlicher Sicherheit sagen, dass in Assyrien die Literatur sich wenig oder gar nicht entwickelt hat, was auch bei dem rein kriegerischen Charakter des assyrischen Staates nicht überraschen kann.[38])

Anders dagegen steht es mit Babylonien. Hier bestanden die grossen Priesterschulen von Sippara, Borsippa und Erech, aus denen in hellenistischer Zeit zahlreiche griechisch schreibende Mathematiker, Astrologen und Geographen hervorgingen. Dass es hier und in anderen Babylonischen Städten auch umfangreiche Bibliotheken gab, bestätigen zahlreiche Funde. Hier wurden ferner die Himmelsbeobachtungen immer exacter angestellt, die Lehren der Astronomie erweitert. Den babylonischen Priestern verdankte Ptolemaeos, der grosse Astronom von Alexandria, die ältesten genauen Beobachtungen von Eklipsen. Hier verfasste endlich um 290 v. Chr. der Priester Berossos für den König Antiochos I in griechischer Sprache ein Werk, welches die Sagen und die politische Geschichte seines Landes behandelte. Zahlreiche Auszüge sind uns aus demselben erhalten, die durch die monumentalen Funde neu bestätigt werden; das Werk des Berossos ist für die Assyriologie mindestens von derselben Bedeutung, wie das des Manetho für Aegypten.

Indessen aus den Monumenen wissen wir bis jetzt wenig von der babylonischen Geschichte und Literatur. An der Oberfläche der Hügel, welche die Ruinen von Babylon und Borsippa, von Ur und Erech bedecken, finden sich zwar zahlreiche Ziegelsteine mit Königsnamen (als Stempel), Thontafeln mit Urkunden meist privater Natur (Kaufcontracte u. ä.) namentlich aus späterer Zeit, daneben auch einzelne mit historischen Notizen und viele zu den Bibliotheken gehörige Tafeln; indessen systematisch untersucht sind diese Trümmerstätten noch nicht, und zahlreiche Schätze liegen hier noch unzweifelhaft unter der Erde verborgen. Die Ausgrabungen, welche die französische Expedition unter Oppert und Fresnel (1854) in Babylon unternahm, sind unglücklicher Weise an Stellen begonnen, die fast garkeine inschriftlichen Funde enthielten; nur für topographische Fragen hat man wichtige Resultate gewonnen.

Wir können daher über die spätere babylonische Literatur noch nicht urtheilen, und überhaupt, da auch Assurbanipal's Bibliothek noch lange nicht erschöpft ist, von der sumerischen und babylonisch-assyrischen Literatur und Kultur noch kein einigermassen vollständiges Bild entwerfen. Viele Fragen und Probleme, von denen gar manche erst in allerletzter Zeit aufgetaucht sind, lassen sich noch nicht beantworten, und einen Lösungsversuch zu unternehmen wäre um so mehr verfrüht, da jeder Tag die monumentale und daher unumstössliche Entscheidung bringen kann. Noch lange Jahre wird die erste Aufgabe der Assyriologie die Entzifferung und Bearbeitung des ihr fortwährend zuströmenden neuen Materials bleiben.

Wir beschränken uns daher hier darauf, eine Übersicht des bis jetzt gefundenen zu geben. Zunächst wollen wir die religiöse und mythische, dann die übrige Literatur behandeln.

2. Die religiöse und Sagenliteratur.

Die Anschauungen der Semiten[39]) vom Leben sind durchweg sehr einfach und völlig die eines Wüstenvolks, das unter Noth und Gefahr von Viehzucht, Raub und Krieg lebt, das nur selten an günstig gelegenen Orten den Ackerbau betreiben kann und häufig genug unstät von einem Wohnsitz zum anderen schweift. Das Geschick hat den Semiten wenig begünstigt; es ist ihm eine finstere alles beherrschende Macht, dessen Rathschlüsse von ewig her feststehn, das seinen geregelten unerbittlichen Lauf nimmt wie die Sterne des Himmels. Auch freundliche Mächte kennt er, die den Regen spenden, dem Wanderer Schutz verleihen, die Früchte der Erde zeitigen; aber auch sie thun freiwillig das Gute, und auch ihre Herrschaft ist nicht von Dauer. Wir finden daher bei allen Semiten wohl grosse Götter an der Spitze des Pantheons, wie Il „den Starken" und seine Gemalin Ilat, die Göttin der Natur, zu denen bei den nördlichen Semiten, den Kanaanaeern, Syrern und Babyloniern Baal oder Bel „der Herr" und seine Gemalin Baaltis oder Belit hinzukommen, aber im Cultus treten sie zunächst wenigstens sehr zurück. Daneben stehn der Sonnengott – auch Il und Baal manifestiren sich übrigens vor allem in der Macht und dem Glanze der Sonne –, der Mondgott, und einige andere. Verehrt aber wurden vorwiegend die untergeordneten Gottheiten und Dämonen, die Geister der Wüste, der Quellen und Bäume, die heiligen Steine. Jeder Stamm, jede Familie hat ihre eigenen Schutzgottheiten, welche ihre Geschicke leiten, ihnen zu Macht und Ansehn zu helfen suchen und daher den Göttern der anderen Stämme feindlich gegenüberstehn. Ein exclusiver Zug geht daher durch alle semitischen Religionen; der Herr[40]) eines Stammes, der unter demselben wohnt, verlangt ausschliessliche Verehrung: es ist dies die Wurzel des semitischen Monotheismus. Andrerseits aber spalten sich die Gottheiten fortwährend: wenn ein Stamm auswandert oder sein Gebiet erweitert und neue Heiligthümer gründet, so ist der Gott der hier verehrt wird nicht mehr derselbe, er hat einen anderen Wohnsitz, einen anderen Machtbezirk. Daher verlangen die hebräischen Propheten so energisch, dass dem Jahveh, dem Schutzgotte des Volkes, nur zu Jerusalem und an keiner anderen Stätte des Landes Opfer und Verehrung dargebracht werde.

Indessen im allgemeinen verhält sich der Semite gleichgültig gegen die Religion – nur einzelne Geister, wie die hebräischen Propheten, Mohammed u. ä. sind dafür um so energischer von religiösen Gefühlen ergriffen worden. Das praktische Leben nimmt seine ganze Thätigkeit in Anspruch. Verschlagenheit, körperliche und geistige Gewandtheit sind die hervorragendsten Züge des Semiten. Dagegen fehlt ihm der kühne Flug der Phantasie welcher die Indogermanen auszeichnet und auch die Innigkeit des Gefühls tritt nur selten hervor: in der semitischen Poesie treten scharfsinnige Beobachtungen und spitzfindige Wendungen an ihre Stelle. Der Sinn für Kunst fehlt dem Semiten gänzlich; hier haben sie lediglich die Leistungen fremder Völker nachgeahmt. Ebenso haben sie in der Wissenschaft nichts selbständiges, originales geleistet, wohl aber immer verstanden sich fremdes anzueignen. Dagegen sind die Semiten für Handel und Verkehr, für die Vermittelung des geistigen Austausches zwischen den verschiedenen Völkern vorzüglich geeignet. Sie haben zwar wenig oder garkeine eigenen Erfindungen gemacht, wohl aber die uralten Culturen Asiens dem Westen übermittelt.

Die eigentliche Heimath der Semiten ist das grosse Wüstenland Arabien, an das sich im Norden die syrische und mesopotamische Wüste anlehnen. Wo sie ansässig geworden sind, wie in dem fruchtbaren Südarabien, in Syrien und Phoenikien, haben sich natürlich ihre Anschauungen und Sitten vielfach modificirt, und namentlich sind sie fremden Einflüssen in hohem Grade zugänglich gewesen. Namentlich wenn schon vorher in der Cultur fortgeschrittene Völker im Lande sassen, haben sie von diesen vieles übernommen. So geschah es auch in Babylonien.

Die Art der Sumerier ist von der der Semiten sehr verschieden. Sie waren ein ackerbautreibendes, staatenbildendes Volk, bei dem der Sinn für Literatur und Kunst, das Talent zu Erfindungen in hohem Grade entwickelt ist. Sie haben eine Mythologie entwickelt, die der griechischen und indischen an Umfang und Vielseitigkeit wenig nachsteht, und in der wir zugleich die ersten Ansätze zur Lösung der Probleme des Daseins erkennen; bei den Semiten dagegen finden sich kaum die ersten Ansätze zu einer Mythologie. Ihre Kunst mag in der sorgfältigen Ausführung des Details hinter der ägyptischen zurückstehn, besitzt dagegen einen grossen Vorzug vor derselben in der weit grösseren Freiheit der Behandlung, die dem Künstler gestattet ist; die assyrisch-babylonische Kunst hat keinen bindenden hieratischen Kanon. Ueber die wissenschaftliche Bedeutung der Sumerier ist später noch weiter zu sprechen.

Durch Verschmelzung der sumerischen mit den semitischen Anschauungen entstand nun die Religion welche wir aus den Monumenten Assyriens und Babyloniens kennen lernen. Die Semiten haben ihre Götternamen beibehalten; sie identificiren ihren Bel mit dem sumerischen In, ihre Belit (Baaltis) mit der sumerischen Istar (Astarte). Den ganzen mythologischen Apparat aber, und daneben viele Götter, denen keiner der ihrigen entsprach, haben sie ohne Aenderung herübergenommen. Manche dieser Culte und Sagen, wie der der Istar-Astarte, haben sich weit nach Syrien und Palaestina, ja nach Südarabien verbreitet.

Im übrigen treten die semitischen Anschauungen stärker als in Babylonien in Assyrien hervor. In jeder Inschrift werden zwar die grossen Götter gepriesen, die dem Könige Schirm und Sieg verleihn, aber die mythischen Anschauungen treten sehr zurück, die Götter verlieren sich fast in Abstractionen. Auch die so characteristische Verdoppelung der Gottheiten findet sich: es werden nach den verschiedenen Cultusstätten nicht weniger als 4 Istar angerufen. Bezeichnend ist, dass während in Aegypten Tempel die einzigen Bauten sind welche der Vernichtung widerstanden haben und auch in Babylon der Tempel des Bel die grösste Sehenswürdigkeit war, in Niniveh die Tempel hinter den Palästen weit zurücktreten. Im übrigen ist für die Assyrer der hervortretendste Zug die furchtbare Grausamkeit, mit der sie die besiegten Feinde und Rebellen behandeln und deren sich die Könige in ihren Inschriften und Sculpturen rühmen; sie übertrifft noch die von den Hebraeern in Kanaan geübte.

Die Sumerier haben schon frühzeitig ihre Götter mit den Sternen in Verbindung gebracht. Das völlig ebene Babylonien eignete sich wie kein anderes Land zur Himmelsbeobachtung, und hier entstand der Gedanke, dass mit den Veränderungen am Himmel die Schicksale des Menschen in nothwendiger Verknüpfung stehn könnten. Man beobachtete den Lauf der Planeten; man zeichnete die Stellung des Himmels auf zur Stunde da der Mensch geboren wurde, dessen Schicksal man erfahren wollte; man erkannte in der Stellung der Planeten zu einander und zu den Fixsternen die sicheren Vorzeichen der irdischen Begebenheiten. So entstand mit der Astronomie zugleich die Astrologie. In den Planeten selbst erkannte man die Zeichen, die Manifestationen der grossen Götter: Sonne und Mond waren von Anfang an Gottheiten gewesen, jetzt galt der Jupiter als Stern des Bel-Merodach, die Venus als Stern der Istar u. ä. Auch die einzelnen Tage und Stunden standen unter dem Schutze der Planeten: aus Babylon stammen noch die Namen unserer sieben Wochentage, und ebenso der Glaube an die Heiligkeit der Zahl sieben. Seit der Eroberung durch Alexander hat sich die babylonische Astrologie über die Welt verbreitet: Berossos war der erste, der auf griechischem Boden, auf der Insel Kos, eine astrologische Schule eröffnete. Zuerst verhielt man sich skeptisch und ablehnend gegen die neue chaldaeische Weisheit; in der Kaiserzeit ist sie dann in alle Kreise, in alle philosophischen Systeme gedrungen. Sogar in den spätesten Tempelinschriften Aegyptens und in den heiligen Schriften der Inder lässt sich ihr Einfluss nachweisen. Wie sie dann bis ins vorige Jahrhundert hinein die ganze abendländische Welt beherrscht hat, ist bekannt genug.

Im babylonischen Pantheon sind die wichtigsten Gottheiten zu einem Kreise von zwölf grossen Göttern vereinigt, denen die Assyrer ihren Nationalgott Assur als ersten hinzugefügt haben. An der Spitze steht Anu der Himmelsgott, der „Herr der himmlischen Heerschaaren", das Urwesen das zuerst dem Meer entstieg und daher als Fischmensch gebildet wird. Neben ihm steht Bel „der Erhabene, Vater der Götter", Ilea „der König der Tiefe, Lenker des Schicksals" Ramanu der Gott der Luft und des Gewitters, und andere. Zahlreiche Hymnen an diese Gottheiten sind uns erhalten, theils bloss in assyrischer Übersetzung, theils auch im sumerischen Urtext. So heisst es von Merodach, dem gewaltigen Gotte, der den grossen Drachen mit dem Blitze erschlagen hat:

„Dein Befehl ist ein gewaltiges Schwert, dass du ausstreckst über Himmel und Erde.
Nach dem Meer sehe ich mich um, aber das Meer sinkt zusammen;
nach der Blume sehe ich mich um, aber die Blume verwelckt;
nach der Hochfluth des Euphrat sehe ich mich um,
aber der Befehl Merodach's verstört sein Bett.
O Herr, du bist erhaben; wer kommt Dir gleich?"

Von dem Sonnengotte Samas heisst es:

„O Herr, Erleuchter der Finsterniss, ...
barmherziger Gott, der du aufrichtest die Gebückten,
schützest die Schwachen!
nach Deinem Licht schauen aus die grossen Götter,

die Geister der Erde, sie alle blicken auf zu deinem Antlitz. ...
O Gott, es blicken auf zu Dir und freuen sich die
weithin wohnenden Menschen"

und weiter:

„du bist der Gerechte im Himmel, der Beständige,
du bist, der Acht hat auf die Satzung der Länder.
du bist der Herr der lebendigen Wesen, der Erbarmer der Länder;
O Samas, an diesem Tage erhelle den König,
den Sohn seines Gottes!"

Ein längerer Hymnus ist an den Mondgott Sin gerichtet, den Gott der alten Stadt Ur. Er lautet im Auszuge:

„O Herr, Führer der Götter, welcher im Himmel und
auf Erden allein erhaben ist.
Vater Nannar, Herr der himmlischen Heerschaaren,
Führer der Götter
Gott Sin, Herr der Krone, Führer der Götter u. s. w.
Barmherziger, Erzeuger von Allem, der bei den
lebenden Wesen eine hellglänzende Wohnung aufrichtet
der du zur Herrschaft berufst, das Scepter ver-
leihst, der bis in ferne Tage das Schicksal bestimmt,
der aus dem Grunde des Himmels bis zur höchsten
Höhe leuchtend dahin wandelt, der das Himmelsthor öffnet.
Im Himmel wer ist erhaben? Du allein bist erhaben.
Auf Erden wer ist erhaben? Du allein bist erhaben.
Dein Befehl wird im Himmel verkündet, –
die Engel des Himmels werfen sich auf ihr Antlitz;
Dein Befehl wird auf Erden verkündet, –
die Engel der Erde küssen den Boden...
König der Könige, der keinen Richter über sich
hat, dessen Gottheit kein Gott gleichkommt,
den Ort deiner Herrschaft beschütze,
deinem Tempel sei gnädig, der Stadt Ur sei gnädig!"

Man sieht auch hier – wie bei jedem anderen Volke – sind die Machtbezirke und Attribute der Gottheiten noch wenig geschieden. Jeder Gott ist da wo er verehrt wird und für den der ihn gerade anruft, der Höchste, der Einzige, der Schöpfer des Lichts, der das gute bringt und das böse bestraft. Eine Scheidung der Herrschaftsgebiete der einzelnen Gottheiten, ein theologisches System, entwickelt sich immer erst sehr spät und wird fast nirgends völlig durchgeführt.

Von anderen Hymnen und Gebeten mögen die folgenden als Beispiel dienen:

„Wer nicht fürchtet seinen Gott,
wird dem Rohr gleich abgeschnitten.
Wer die Istar nicht verehrt,
dessen Körperkraft siecht dahin.
Gleich dem Stern der Nacht zieht er ein seinen Glanz[41]),
gleich Wassern der Nacht verschwindet er.
O Bel, meiner Vergehungen sind viele,
gross sind meine Sünden;
Bel in seines Herzens Grimm
häufte Schmach auf mich,
der Gott in seines Herzens Strenge
überwältigte mich.
Istar kam herab auf mich,
schuf mir bitteren Kummer.
Zu Boden warf ich mich,
Niemand erfasste meine Hand;
laut schrie ich,
Niemand hörte mich.“

Endlich ein Gebet für den König:

„Ferne Tage,
Ewige Jahre,
eine starke Waffe,
ein langes Leben,
viele Tage der Ehre,
Vorherrschaft unter den Königen
verleihe dem König, dem Herrn,
welcher diese Gabe
seinen Göttern darbrachte.
In grosser zahlreicher Menge
verleihe seinem Reiche Bewohner!
Herrschaft über die Könige,

das Königthum über die Nationen,
möge er ausüben,
zu hohem Alter gelange er."

Der Leser wird erkennen dass die Form der babylonischen Poesie der der hebräischen ganz analog ist. Durchweg herrscht in beiden der Parallelismus der Glieder, sei es dass derselbe Gedanke in verschiedenen Wendungen erscheint, sei es dass zwei gleich geordnete Glieder im Gegensatz zu einander stehn. Die einzelnen Verse zerfallen häufig durch eine Caesur in zwei Gruppen, die meist auch in der Schrift auf den Tafeln angedeutet und hier durch abbrechen der Zeile wieder gegeben ist. Übrigens ist auch die Form der ägyptischen Poesie im wesentlichen dieselbe.

Neben den grossen Göttern stehen zahlreiche Gottheiten zweiten Ranges. Zu ihnen gehören auch die Dämonen, die bösen Geister „welche in der Stadt umgehn und die Menschen zu vernichten suchen". Namentlich sind es sieben böse Geister, die in den Texten häufig genannt werden. So heisst es von ihnen:

„Sieben sind sie, sieben sind sie,
In der Wassertiefe Höhlung sieben sind sie,
In des Himmels Aether sieben sind sie.
In der Wassertiefe Höhlung wurden sie gross,
nicht männlich sind sie, nicht weiblich sind sie,
ein Weib haben sie nicht, einen Sohn zeugen sie nicht,
Ehrfurcht und Wohlthun kennen sie nicht,
Gebet und Flehen erhören sie nicht".

Namentlich gegen das Treiben dieser Dämonen oder auch um sie zum Dienste des Menschen zu zwingen, dienen die magischen Formeln, die uns in grosser Masse erhalten sind, deren Verständniss aber natürlich höchst schwierig ist. Eine Probe möge hier Platz finden, wobei indessen zu bemerken ist, dass die Uebersetzung keineswegs durchweg sicher ist:

„das böse Weib setze sich zur Rechten,
die linke lasse sie frei.
den Knoten der sieben Geister knüpfe,
das Haupt des Kranken umwinde,
die Seite des Kranken umwinde
und seine Glieder wie mit Fesseln.

An sein Lager setze dich,
mit dem Wasser der Verjüngung benetze ihn".

Wir haben ähnlich z. B. auch Beschwörungen des Feuers und des Wassers, bei denen vor allem der Erdgeist und der Geist des Himmels angerufen werden. Schutz gegen die bösen Geister gewährt vor allem der Gott Merodach, der nach seinem Kampfe mit dem Drachen Tihamat auch die bösen Geister besiegt und ihre Herrschaft auf Erden vernichtet hat. Dass die Magie bei den Babyloniern sehr ausgebildet gewesen ist, kann keinem Zweifel unterliegen. Sie hat namentlich auf die spätere Gestaltung der persischen Religion, die schon von Anfang an von Formelwesen nicht frei war, grossen Einfluss geübt. Die persischen Priester, die Magier, haben daher der geheimen Wissenschaft für alle Zeiten ihren Namen gegeben. –

An die babylonischen Götter knüpft sich eine grosse Anzahl von Sagen. Dieselben haben sich zwar bis jetzt nur in der assyrischen Uebersetzung gefunden. Indessen nach ihrem ganzen Character, den in ihnen vorkommenden Namen und dem Stil der Erzählungen kann es keinem Zweifel unterliegen, dass die Originale sumerisch waren. Auch haben sich bereits wie Herr Prof. Fr. Delitzsch mir mittheilt, in der Bibliothek Assurbanipals Stücke gefunden, welche offenbar die Praeparationen zu dieser Uebersetzung enthalten. Auf der einen Seite stehen die sumerischen Phrasen, auf der anderen die assyrischen Versionen genau wie sie sich in den uns erhaltenen Texten finden.

Leider sind aber die Tafeln welche diese Erzählungen enthalten zum grossen Theile so zerstört, dass sich eine fortlaufende Übersetzung nicht geben und in vielen Fällen der Sinn blos ahnen lässt. Wir beschränken uns daher hier auf die am besten erhaltenen Stücke, welche die Schöpfungsgeschichte, die Sündfluthsage, und die Sage von der Höllenfahrt der Istar enthalten.

Die Schöpfungsgeschichte beginnt mit der Schilderung des uranfänglichen Chaos:

„Einst that droben der Himmel sich nicht kund,
drunten die Erde nannte noch keinen Namen[42]),
und die Oceane hatten ihre Schranken nicht aufgethan.
Mummu-Tihamat (das Chaos) erzeugte sie alle,

Keine Pflanze war gewachsen, keine Blume hatte sich entfaltet,
Von den Göttern war noch kein einziger entstanden,
ihre Namen wurden nicht gesprochen, ihre Eigenschaften waren unbekannt.
Da wurden die ältesten Götter geschaffen,
Lachmu und Lachamu wurden geboren,
und wuchsen heran...
Sar und Kissar wurden dann geboren,
lange Tage vergingen..."

Leider bricht hier das Fragment ab. Soweit der Bericht erhalten ist, stimmt er genau mit dem, was die späteren griechischen Autoren von der babylonischen Kosmogonie berichten.

Weitere Fragmente enthalten eine ausführlichere Schilderung der Schöpfung und Ordnung der Sterne, der Erzeugung der Landthiere, u. ä. Leider sind indessen diese Bruchstücke zu fragmentarisch, und ist die Bedeutung gerade der wichtigsten Stellen noch zu fraglich, um eine gesicherte Uebersetzung aufstellen oder die Frage entscheiden zu können, ob hier wirklich, wie vielfach behauptet ist, eine nähere Uebereinstimmung mit dem Schöpfungsbericht der Genesis herrscht. Glücklicherweise liegt dies anders mit der Sündflutherzählung. Diese ist fast vollständig erhalten und über den Sinn kann kein Zweifel herrschen. Sie stimmt zugleich so genau mit dem biblischen Bericht überein, dass an einem unmittelbaren Zusammenhange zwischen beiden nicht gezweifelt werden kann.

Die Sündflutherzählung bildet eine Episode in dem Bericht von den Thaten des grossen babylonischen Heros Izdubar. Dieser, schwer erkrankt und von Sorgen gedrückt, will sich von Hasisadra dem Vater der Menschen, der allein die grosse Fluth überlebt hat und wegen seiner Frömmigkeit ins Land der Seligen entrückt ist [heilen lassen, G. A.] – er vertritt die Stelle des biblischen Noah (in den Fragmenten des Berossos heisst er genau dem babylonischen entsprechend Xisuthros). Nach vielen Abenteuern gelangt Izdubar an das Wasser des Todes; der Fährmann Urhamsa setzt ihn über zu den Wohnungen der Seligen. Hier trifft er den Hasisadra, der ihn heilt und ihm auf sein Befragen erzählt, wie ihm der Gott Ilea befohlen habe, ein grosses Schiff zu bauen für sich, seine Frau und Kinder, sein Gesinde und sein

Vieh. Denn die Götter wollten die Menschen strafen wegen ihrer Sünden. Hasisadra trägt alle seine Habe, Lebensmittel und Vieh in das Schiff.

„Eine Fluth richtete Samas (der Sonnengott) an und sprach am Abend: „Ich will schwer regnen lassen vom Himmel, gehe hinein in dein Schiff und schliesse seine Thüren." Hasisadra besteigt das Schiff, die Fluth beginnt. „Ramanu donnerte in der Mitte des Himmels, Nebo und Sarru schritten voran, sie schritten über Berge und Thäler. Der Zerstörer Nergal stürtzte um, Ninip schritt hervor und warf nieder. Die Geister brachten Vertilgung, in ihrer Herrlichkeit fegten sie die Erde. Die Fluth Ramanu's (des Gewittergottes) stieg himmelan, die lichte Erde ward zur Wüste". Alles Leben wird vernichtet, und Istar, die grosse Göttin der Zeugung, klagt über den Untergang der Menschen.

„Sechs Tage und Nächte vergingen in Wind Fluth und Sturm. Im Verlaufe des siebenten legte sich der Sturm, und die Fluth welche verheert hatte gleich einem Erdbeben liess nach. Ich durchschiffte das tosende Meer, während die ganze Menschheit zu Schlamm geworden war; wie Schilfrohr schwammen die Leichen. Ich öffnete das Fenster, und das Licht fiel auf mein Antlitz, ich zuckte zusammen und setzte mich nieder und weinte, über mein Antlitz flossen meine Thränen." Das Schiff landet am Berge Nisĭr, und bleibt hier sechs Tage liegen. „Am siebenten Tage sandte ich eine Schwalbe (?) aus, und sie flog fort; einen Ruheplatz fand sie nicht und kehrte wieder." Dann sendet er einen Raben aus, der nicht wieder zurückkehrt. Darauf verlässt er selbst das Schiff und bringt den Göttern ein Opfer dar. Die Götter aber bereuen alle Menschen vernichtet zu haben, die Gerechten mitsammt den Missethätern. Sie beschliessen in Zukunft die Fluth nicht wiederkehren zu lassen, sondern die Bösen durch wilde Thiere, durch Hunger und Pestilenz zu bestrafen.

Wir haben noch zahlreiche andere Sagen in mehr oder minder vollständiger Gestalt, so die von den Thaten des Pestgottes Dibbara, dem allgemeine Verehrung unter den Menschen dargebracht wird, damit er seine verheerenden Züge über die Erde nicht wiederhole; die Erzählung vom Kampfe des Bel-Merodach mit dem Drachen, und vor allem der umfangreiche Sagencyclus von den Thaten des grossen Helden und Herrschers Izdubar.

Wir beschränken uns hier auf die Analyse eines der interessantesten Mythen, der Erzählung von der Höllenfahrt der Istar.

„Nach dem Lande ohne Heimkehr, dem Lande des Todes,
richtete Istar, die Tochter Sin's, ihren Sinn,
nach dem Hause der Verwesung, der Wohnung Irkalla's,
dem Hause, dessen Eingang ohne Ausgang ist,
der Strasse, deren Bahn keine Rückkehr kennt
dem Hause, da Staub ihre Nahrung und Schlamm ihre Speise ist,
wo Licht nicht gesehn wird, in Dunkelheit wohnt man,
auf Thüre und Riegel ist Staub gestreut."

Als Istar zur Pforte des Hades gelangt war, sprach sie zu dem Wächter des Thors den Befehl:

„Wächter der Wasser öffne deine Thore!
Öffne deine Thore, denn ich will eintreten.
Und wenn du nicht öffnest das Thor und mich nicht einlässt,
werde ich zertrümmern den Riegel, die Thüre zerspalten,
ich werde heraufführen die Todten zu speisen und zu leben,
zu den Lebenden sollen sich schaaren die Todten."
Der Wächter öffnete seinen Mund und sprach,
redete zur Herrin Istar:
„Halt ein, Herrin, nicht handle so,
ich will gehn und dich melden der Fürstin Allat.

Allat, die Königin der Unterwelt, ergrimmt, und befiehlt dem Pförtner, sie einzulassen und zu behandeln wie jeden anderen Besucher. Der Wächter lässt sie ein

Das erste Thor liess er sie durchschreiten
und nahm ihr ab die grosse Krone von ihrem Haupte.
„Warum o Wächter hast du die grosse Krone
von meinem Haupte genommen?"
„Tritt ein Fürstin, denn die Göttin der Unterwelt
thut es also mit ihren Besuchern".

So wird ihr an jedem Thor eins ihrer Kleidungsstücke oder Insignien genommen, und wie sie vor Allat tritt ist sie machtlos. Allat schlägt sie mit Krankheit und hält sie gefangen. Alles Gedeihen, alle Zeugung hört auf Erden auf, bis die grossen Götter erkennen, dass es nothwendig sei Istar zu befreien. Auf das Geheiss des Götterboten muss Allat sie wieder heilen und freigeben. Bei jedem Thore erhält Istar eins ihrer Kleidungsstücke zurück, und als sie aus der Unterwelt heimgekehrt ist, kehrt auch das Leben und Freude auf die Erde zurück.

Der Leser wird unschwer erkennen, dass die Sage der griechischen von Demeter und Persephone vollständig analog ist. Istar ist die Grosse Göttin der Natur, des Lebens und der Zeugung. Aber im Herbst erstirbt die Natur, Istar steigt hinab zu den Todten, bis sie im Frühjahr zu neuem Leben erlöst wird.

Noch zahlreiche andere Sagen müssen in den Ruinen Ninivehs und der babylonischen Städte verborgen liegen. Wir wissen z. B. aus gelegentlichen Erwähnungen in den Texten, dass auch die berühmte Sage von Istar (Astarte, griechisch Aphrodite) und ihrem Liebling Tammuz (Adonis), der durch den Neid der Götter seinen Tod findet, babylonischen Ursprungs ist. Ebenso schildert die biblische Paradiessage babylonische Gegenden. Wenn man bedenkt, dass die hier behandelten Texte fast sämmtlich erst in dem letzten Jahrzehnt zugänglich geworden sind, und dass die Ausgrabungen fortwährend fortgesetzt werden, so kann man ermessen, wievielmehr wir von der babylonisch-assyrischen Literatur und Mythologie am Ende dieses Jahrhunderts wissen werden, als noch gegenwärtig.

Die im Auszuge mitgetheilten Texte werden genügen um von der Religion und Mythologie der Babylonier und Assyrer ein Bild zu gewinnen. Hervorzuheben ist noch, dass bei ihnen, im vollen Gegensatz zu den Aegyptern, der Todtendienst und die Anschauungen vom Leben nach dem Tode vollkommen zurücktreten. Das wirkliche Leben beansprucht hier voll und ganz sein Recht; die Phantasiegemälde, welche die Aegypter Jahrtausende lang immer mehr ausmalten, treten hier ganz in den Hintergrund. Die Gräber sind einfach und schmucklos. Das Leben nach dem Tode erscheint als Schattenexistenz, ähnlich wie in den homerischen Gedichten. Es scheint, dass man eine Belohnung der Guten und Bestrafung der Bösen annahm; wir besitzen poetische Texte, welche schildern, wie der Gerechte mit Ruhe dem zukünftigen Leben entgegensehn und sich für den Tag des Gerichtes bereiten könne.

3. Die wissenschaftliche Literatur

Wenn auch Astrologie und Magie einen grossen Theil der wissenschaftlichen Thätigkeit der babylonischen Priester in Anspruch nahm, so haben sie doch auch die Astronomie wesentlich gefördert. Namentlich ihre Beobachtungen der Sonnen- und Mondfinsternisse – deren häufige Erwähnung in den assyrischen historischen Inschriften für die chronologische Fixierung der Begebenheiten eine willkommene Handhabe bietet – waren von grosser Bedeutung und sind daher auch von den griechischen Gelehrten vielfach benutzt worden. Von dem Jahre 747 v. Chr. an, in welchem der babylonische König Nabonassar den Thron bestieg, finden sich dieselben in dem grossen astronomischen Werk des Ptolemaeos verzeichnet.

Auch die Mathematik war vielleicht weiter entwickelt als in Aegypten. Unter den Tafeln welche mathematische Rechnungen enthalten, sind die Berechnungen der Quadrat- und Kubikzahlen vielleicht die interessantesten. Dass auch in griechischer Zeit noch babylonische Gelehrte über Mathematik und Astronomie schrieben, ist schon erwähnt.

Wir besitzen von den wissenschaftlichen Werken der Babylonier und Assyrer vor allem die Bruchstücke der grossen Sammlungen Assurbanipal's, in denen sich zum Theil mehrere Exemplare desselben Werkes befanden, daneben aber auch zahlreiche Tafeln und Thoncylinder aus babylonischen Bibliotheken. Sie behandeln neben den angeführten Wissenschaften auch Geographie (Verzeichnisse von Städten, Ländern, Flüssen), naturgeschichtliche Listen von Pflanzen und Thieren, und lexicalische Sammlungen, die vor allem dem Zweck dienen, die sumerischen und semitischen Wörter und Formen einander gegenüber zu stellen und die ideographischen Zeichen zu erklären. Von medicinischen Schriften ist uns nur ein kleines Bruchstück erhalten.

Auch die grossen Gesetzsammlungen gehören hierher, von denen uns zahlreiche Bruchstücke erhalten sind. Die Originale sind durchweg sumerisch und zum grössten Theile erhalten. Hier mögen zwei dieser Gesetze zur Erläuterung Platz finden; von beiden liegt uns der akkadische und der assyrische Text vor:

„Wenn ein Kind zu seinem Vater spricht: „Du bist nicht mein Vater“, so scheert er es, zur Feldarbeit bestimmt er es, und für Geld gibt er es hin“.
„Wenn die Gattin ihren Gatten schlimm misshandelt und zu ihm spricht: „Du bist nicht mein Gatte“, so wirft man sie in den Strom“.

Auch Copien von zahlreichen historischen Inschriften, beschriebenen Thoncylindern und Prismen, deren man sich für Inschriften und Urkunden sehr gerne bediente, finden sich in den Bibliotheken, die überhaupt zugleich als Archive gedient zu haben scheinen, in grosser Anzahl. Derartiges Material hat unzweifelhaft Berossos zur Abfassung seiner Geschichte benutzt. Ob es aber schon vor ihm eine eigentliche babylonische oder assyrische Geschichtsschreibung gab, ist sehr zweifelhaft. – Die Chronologie war im assyrischen Reiche fest geordnet; jedes Jahr wurde – ähnlich wie in Athen und Rom – nach einem Beamten benannt, der für dieses Jahr die höchste Würde des Reiches einnahm. Es sind uns noch mehrere dieser „Eponymenlisten“ erhalten; in dieselben sind zugleich die wichtigsten Begebenheiten jedes Jahres eingetragen, so dass es hier möglich ist, den Zeitpunct jedes Ereignisses genau zu bestimmen. In Babylon wurde wie in Aegypten nach den Jahren der Könige gerechnet.

Wir haben bei der Darstellung der babylonischen Literatur, wie früher bei der ägyptischen, eine Besprechung der öffentlichen und privaten Documente, der Königs- und Tempelinschriften, der amtlichen Berichte, Briefe, Urkunden u. s. w. ausgeschlossen, da dieselben nicht zur eigentlichen Literatur gehören. Nur eine Inschrift möchte ich hier erwähnen, da dieselbe offenbar einen sagenhaften Charakter trägt und den Erzählungen von Moses, Kyros, Romulus und anderen Begründern neuer Staaten völlig analog ist. Sie handelt von dem altbabylonischen König Sargon I (um 1600), liegt uns aber nur in einer assyrischen Abschrift vor, und es mag fraglich erscheinen ob dieser König sie wirklich selbst verfasst hat. Sie lautet:

„Ich bin Sargon, der mächtige König, der König von Akkad [in Babylonien]. Meine Mutter war eine Fürstin, meinen Vater kannte ich nicht. Der Bruder meines Vaters beherrschte das Land. In der Stadt Azupiranu am Ufer des Euphrat gebar mich meine Mutter die Fürstin in schwerer Lage. Sie legte mich in ein

Kästchen von Rohr und verschloss die Öffnung mit Erdpech, liess mich hinab in den Strom. Der aber ertränkte mich nicht, sondern trug mich zu Akki dem Wasserträger. Akki der Wasserträger hob mich voll Mitleid auf, er zog mich auf als sein Kind, er stellte mich als seinen Verwalter an. In meinem Verwalteramt liess Istar es mir glücken". Leider wird nicht berichtet, wie Sargon zur Herrschaft gelangte. Er fährt gleich fort, von den Thaten seiner 45jährigen Herrschaft zu erzählen und hält zum Schluss seine Thaten den späteren Königen als Beispiel vor. –

Das grosse Verdienst welches sich Assurbanipal durch Anlegung seiner Bibliothek erwarb, ist schon mehrfach erwähnt worden. Die meisten Tafeln sind, wie die Unterschriften angeben „genaue Copien der Originale von Sumer und Akkad (Babylonien)". Von einigen sumerischen Texten scheinen erst die von Assurbanipal angestellten Gelehrten Uebersetzungen angefertigt zu haben, und ein Theil der Syllabare stammt wahrscheinlich erst von ihnen. Die Tafeln die zu einander gehören, sind sorgfältig als solche bezeichnet und numerirt. Gewöhnlich tragen sie die Unterschrift „Eigenthum Assurbanipals, des Königs der Völker, des Königs von Assur". Häufig rühmt sich Assurbanipal auch in längeren Worten seiner Verdienste. Einer dieser Texte möge zum Schluss hier Platz finden:

„Palast Assurbanipal's, des Königs der Völker, des Königs von Assur, welchem Nebo (der Gott der Weissagekunst) und Tasmit (die Göttin der Wissenschaft) offene Ohren verliehen, welcher erleuchtete Augen empfing einzuführen die Beschreibung von Tafeln. Jene die da lebten zur Zeit der Könige vor mir, besassen ein solches Lehrmittel nicht. Die unerforschliche Weisheit Nebo's, eine lange Reihe in Spalten geordneter Wörter, eine Fülle von nützlichen Dingen, schrieb ich auf Tafeln, formte und grub sie ein [mit dem Schreibstifte], und stellte sie als Geschenk meiner Stiftung in meinem Palaste auf".

Wenige Decennien nach der Gründung der Bibliothek brach das assyrische Reich plötzlich zusammen und Schutthaufen bedeckten die unzähligen Tafeln. Sie war vom Schicksal dazu bestimmt, einer fernen Zukunft authentische Kunde zu bewahren von dem Denken und Dichten, dem Glauben und der Weisheit der alten Babylonier.

Anmerkungen

[1]) Man theilt die ägyptischen Könige von Menes bis auf Alexander d. Gr. nach Manetho's Vorgang in 31 Dynastien oder Herrscherhäuser.

[2]) So ist z. B. das Symbol der geflügelten Sonnenscheibe, welches alle Tempel Aegyptens ziert, nicht nur von den Phoenikern angenommen, sondern auch von den Assyrern in wenig veränderter Form verwandt. Schliesslich haben die Perser es zur Darstellung des grossen Lichtgottes Ahuramazda (Ormuzd) verwendet.

[3]) Nach einer anderen Auffassung haben sich Horus und Set sogar Aegypten getheilt, so dass jener Ober-, dieser Unteraeg. beherrscht. Dies erklärt sich dadurch, dass Set als Hauptgott der Hyqsos „der Ausländer" welche lange Jahre über Unteraegypten herrschten, zum Repraesentanten dieses Landes geworden war.

[4]) Von grosser Bedeutung auf die Ausbildung der Theologie waren namentlich die grossen Priesterschulen von Heliopolis, Sais und Memphis in Unteraegypten, von Abydos und Hermopolis in Oberaegypten.

[5]) Der Name wird jedesmal für den betr. Inhaber ausgefüllt.

[6]) in späterer Zeit: „Osiris N. N. der Wahrheitredende".

[7]) „d. h. bei seinem Aufgang des Morgens am Horizonte", nach Späteren: „zu Anfang seiner Königsherrschaft", wo also die Beziehung auf die Sonnenlaufbahn nicht mehr erkannt wird.

[8]) Schon der älteste Commentator erklärt dies durch Osiris, von dem doch in dem ursprünglichen Texte, der nur von der täglichen Laufbahn der Sonne handelt, garnicht die Rede ist.

[9]) „Preis des Ra" ist sein Name [nach den späteren Osiris]. Die Rede ist hier von dem Untergang der Sonne, die den Eintritt ins Westreich erst erkämpfen muss.

[10]) „d. i. der Sonnenberg meines Vaters Tum" (im Westen).

[11]) es folgt eine wenig klare Anspielung auf Festgebräuche in Herakleopolis. Derartige Erwähnungen localer Riten sind sehr häufig.

[12]) Der Text handelt hier von dem Wege der Sonne in der Unterwelt.

[13]) „die Pforte durch welche mein Vater Tum zieht zum östlichen Horizonte", nämlich beim Aufgang am nächsten Tage.

[14]) Natürlich haben sich auch aehnliche Hymnen an andere Götter erhalten, so die Nilhymnen und der Hymnus an Ra Harmachis in einem Berliner Papyrus ferner mehrere Hymnen an den Gott Tehuti, u. a. m.

[15]) Eine wie es scheint lediglich theologische Form des Sonnengottes als Schöpfer der Welt, dargestellt als Mensch mit Skarabaeuskopf. Ammon wird hier mit den wichtigsten Sonnengöttern identificirt.

[16]) Name eines Theils von Syrien.

[17]) d. h. des mittelländischen Meers.

[18]) Bekanntlich tragen die Papyri gewöhnlich den Namen ihres ersten Entdekkers und Besitzers.

[19]) Dass diese Angaben keineswegs immer historisch sind, geht schon daraus hervor, dass ein anderes Recept desselben Papyros von Isis für den kranken Ra bereitet ist.

[20]) Grabpyramiden haben sich allerdings auch die Könige der zwölften Dynastie noch errichtet.

[21]) Die Götter wurden schon in jener Zeit allgemein als die ältesten Könige Aegyptens gedacht, die nach ihrem Tode erst zu Göttern wurden – ebenso wie die Menschen.

[22]) Imhotep ist der Gott der Heilkunde, Hordedef ein Prinz der vierten Dynastie, dem die Auffindung eines Todtenbuchcapitels und die Abfassung mystischer Sprüche zugeschrieben wird.

[23]) Tum, ursprünglich fast identisch mit Ra, wird in späterer Zeit vorzugsweise als Gott der untergehenden Sonne aufgefasst.

[24]) Wie die Denkmäler, der oben analysirte Brief, und zahlreiche spätere Texte lehren, gab es im alten Aegypten eine Kasteneintheilung, wie die griechischen Schriftsteller sie darstellen, nicht: jeder konnte sich seinen Beruf wählen. Nur war es ziemlich allgemein Gebrauch, dass der Sohn die Beschäftigung des Vaters fortsetzte. Gesetzlich vorgeschrieben war dies aber wahrscheinlich auch in der griechischen Zeit nicht. Nur gab es eine grosse Anzahl adliger, reich begüterter, Familien; aber auch sie waren nicht völlig von den anderen Ständen abgeschlossen.

[25]) Das gelobte Land der ägyptischen Theokratie war das ganz nach ägyptischem Vorbilde eingerichtete Reich von Napata und Meroe, wo wie die Griechen berichten und die Inschriften in überraschender Weise bestätigen, die Könige vollkommen willenlos in der Hand der Priester waren. Ein missliebiger König tödtete sich sogar unweigerlich selbst auf Befehl der Priester bis zur Zeit des zweiten Ptolemaeos (260 v. Chr) der König Ergamenes der schönen Wirthschaft ein Ende machte.

[26]) Diese Formel stammt allerdings aus einem leidener med. Papyros. Indessen Pap. Ebers enthält ganz ähnliche Sprüche.

[27]) In der Zeit der alexandrinischen Gelehrsamkeit ist allerdings unzweifelhaft weit mehr geschrieben worden.

[28]) Auch aus der Blüthezeit des neuen Reichs sind uns Papyrus mit moralischen Sentenzen und Betrachtungen erhalten.

[29]) Nur die alten Bewohner Medien's und Susiana's scheinen ihnen verwandt zu sein.

[30]) Die englischen und deutschen Gelehrten haben es eine Zeit lang auch irrtümlich Akkadier benannt.

[31]) Ein genetischer Zusammenhang der ägyptischen und Babylonischen Hieroglyphen ist nicht erwiesen; aber das Princip der Schriftbildung ist in beiden Fällen dasselbe, und auch in der chinesischen Schrift ganz analog.

[32]) Besonders förderlich für die Entzifferung sind darunter der senkrechte Keil, der vor jedem Eigennamen steht, und das aus dem Stern entstandene Gottesideogramm vor den Götternamen.

[33]) oder statt dieser Nominativformen ein anderer Casus des betr. Wortes.

[34]) Zur weiteren Erläuterung verweisen wir auf das auf Taf. [im Manuskript findet sich hier eine Leerstelle; in der russischen Übersetzung heißt es: „verweisen wir den Leser auf jene Tafel, die dem vorliegenden Abriss beigelegt ist", G. A.] abgebildete Syllabar. Auch in Babylonien haben sich Syllabare gefunden.

[35]) eigentlich Beiname des alten Gottes Il.

[36]) Das Datum der Zerstörung Ninivehs (zwischen 625 und 580) lässt sich nicht mit Sicherheit bestimmen. Natürlich erfahren wir aus den Monumenten Niniveh's nichts darüber; vielleicht dass uns dereinst die Ruinen Babels, die noch immer der Erschliessung harren, auch hierüber Auskunft geben werden.

[37]) Überhaupt ist die syrische Sprache fast völlig ausgestorben. – Seleukia blieb die Hauptstadt Babyloniens und wahrscheinlich die grösste Stadt Asiens bis auf seine Zerstörung durch die Römer 164 n. Chr.; dann trat Ktesiphon, die Residenz der Sassaniden (Seleukia gerade gegenüber am linken Ufer des Tigris gelegen), und unter den Khalifen Baghdad (wenige Meilen nördlich von Seleukia) an seine Stelle.

[38]) Natürlich haben sich in Niniveh's Ruinen zahlreiche historische und religiöse Inschriften, ebenso öffentliche Documente, Kaufcontracte, Protocolle, amtliche Berichte, Siegel mit kürzeren oder längeren Inschriften u. ä. gefunden. Alles dies gehört aber nicht zur Literatur.

[39]) Um nicht zu ausführlich zu werden, sind im folgenden die Grundzüge der religiösen Anschauungen der verschiedenen semitischen Völker – namentlich der Araber und der Kanaanaeer – zusammengestellt.

[40]) Alle diese Götter heissen Baal „der Herr“; daher ist im Alten Testament immer von „den Baals“ im Plural die Rede, neben denen als weibliche Gottheiten „die Astarten“ stehn.

[41]) d. h. wie der Stern bei Tagesanbruch erlischt.

[42]) d. h. weder Himmel noch Erde existirte. Der Name ist hier wie bei den Aegyptern und sonst identisch mit dem Wesen der Dinge. Was noch keinen Namen hat oder verkündet, existirt nicht.